소그룹 성경 공부 교재

느헤미야

오정현 지음

열정의 비전 메이커 오정현 목사는 한 사람을 그리스도 안에서 온전한 제자로 세우는 제자훈련을 목회철학으로 삼고 '제자훈련의 국제화'와 '한국 교회 제2의 부흥'을 위해 쉬지 않고 달려가고 있다. 현재 사랑의교회 담임목사이다.

오정현 다락방 시리즈 1

느헤미야

초판 1쇄 발행 2007년 5월 18일
초판 18쇄 발행 2019년 6월 26일

지은이 오정현

펴낸이 오정현
펴낸곳 국제제자훈련원
등록번호 제2013-000170호(2013년 9월 25일)
주소 서울 서초구 효령로68길 98(서초동)
전화 02)3489-4300 **팩스** 02)3489-4329
이메일 dmipress@sarang.org

ISBN 978-89-5731-204-9 03230 Printed in Korea

※ 책값은 뒤표지에 있습니다. 잘못된 책은 구입하신 곳에서 교환해 드립니다.

오정현 다락방 시리즈 1

느헤미야

하나님과 동행하는 신앙의 여정기

오정현 지음

국제제자훈련원

매 주마다 천국의
작은 리허설이 펼쳐지는 시간들

흔히 느헤미야를 신앙적 리더십으로 난세를 다스린 훌륭한 리더로만 이해하는 경향이 있지만, 다락방에서 교우들과 함께 하고 싶은 것은 느헤미야가 가졌던 희로애락의 동기(動機)와 그 접점(接點)입니다. 이 땅에 발을 딛고 사는 한 인생의 굴곡은 피할 수가 없습니다. 중요한 것은 인생 여정에서 높은 봉우리와 깊은 골짜기를 왕래하는 극적인 경험들이 아니라, 그 파란만장한 삶의 동기가 무엇이며 인생 고저의 접점들이 어디로 연결되어 있느냐 하는 것입니다. 느헤미야의 경우, 그의 감정과 행동의 뿌리를 더듬어 찾아가면 언제나 종착지에는 하나님이 계시는 것을 발견할 수 있습니다. 느헤미야의 이러한 삶을 한마디로 압축하면 "능력의 실체를 경험하는 삶"이었다고 표현하고 싶습니다.

느헤미야는 암울한 시대에, 하나님을 잊어버린 황폐한 세대 속에서 능력의 그림자가 아니라 능력의 실체를 붙들었던 사람이었습니다. 우리가 느헤미야를 우리의 삶의 모델로 삼아야 하는 이유는 단순히 그의 탁월한 지도력이나 위기 대처 능력에 있지 않습니다. 이것들은 능력의 실체이신 하나님을 붙잡았던 삶의 가시적인 결과일 뿐입니다. 오히려 하나님께서 우리에게 허락하신 능력은 세상의 것과는 많이 다를 수 있습니다. 권력 대신에 낮은 자리가, 명예 대신에 고난의 길이, 부귀 대신에 세상의 가난함이, 권위 대신에 섬김이 하나님의 능력을 붙들 때 주어지는 것들입니다. 필요하다면 이 세상을 악의 흐름으로부터 하나님 앞으로 반전시키기 위해서 순교의 자리까지 가는 것이 하나님께서 허락하시는 능력의 절정이라고 말할 수 있습니다.

다락방에서 한 과씩 다룰 때마다 이러한 능력들로 젖어 들기를 바랍니다. 말씀 속에서 느헤미야와 함께 역사의 현장을 걸으면서 하나님의 세밀한 도우심을 체험하는 신동행기(神 同行記)의 은혜를 누릴 수 있을 것입니다. 하나님과 동행할 때에 세상적으로는 괴로워도 밀물처럼 차오르는 평안이 있습니다. 몸은 고단해도 혼자 있을 때 저도 모르게 영혼의 미소가 묻어나는 신령한 희열이 있습니다. 겉으로는 누추하고 볼품이 없다 해도 세상 앞에서 절대로 기죽지 않은 영적인 자긍심이 있습니다. 아무리 출세해도 영적으로 성공하지 못하는 인생은 모든 것에서 실패한 것이라는 영적인 소신이 있습니다. 이 모든 것들이 느헤미야처럼 하나님과 동행하면서 능력의 실체를 경험한 자만이 갖는 축복입니다.

다락방은 주일예배와는 또 다른 은혜의 현장입니다. 세상의 분주함으로 지친 삶들이 신앙의 동지애 속에서 쉼을 누리는 곳이며, 말씀과 기도를 통해서 위로와 힘을 얻는 천국의 작은 리허설이 펼치지는 시간이라고 할 수 있습니다. 이 귀한 다락방의 은혜를 누리기 위해서는 예습하는 준비가 필요합니다. 그렇지 못하면 자칫 무식과 게으름을 나누는 시간이 될 수도 있기 때문입니다.

아무쪼록 다락방마다 느헤미야와 함께 동행하며 능력을 실체를 경험하는 시간들이 되기를 바랍니다. 다락방에 들어서는 발걸음들마다, 세상에서의 상처와 곤고함으로 지쳐있는 그 누구라도 말씀과 기도 속에서 성도의 넘치는 위로와 사랑으로 다시 일어서는 영혼의 오아시스와 같은 시간들이 되기를 기도합니다.

사랑의교회 담임목사 오정현 오정현 목사

:: 교재 사용에 대하여 ::

제자훈련의 열매는 훈련된 평신도 지도자들이 사역하는 소그룹(구역, 다락방, 셀, 목장)이라 할 수 있다. 소그룹이란 성도 간에 아름다운 사랑의 교제를 나누며, 말씀 안에서 영적으로 성숙해 가도록 서로 돕고, 믿지 않는 사람들을 초청하여 복음을 나누는 소그룹 단위의 공동체이다. 소그룹은 하나님의 말씀에 기초한다. 그러므로 각자의 삶을 드러낼 수 있도록 돕고 변화되어야 할 삶의 목표를 분명하게 제시할 수 있는 좋은 교재가 마련되면 효과적인 소그룹을 운영하는 데 큰 도움을 얻는다. 그러나 분주한 목회자의 입장에서는 직접 교재를 만든다는 것이 그리 쉬운 일이 아니다. 이런 어려움을 해결할 수 있도록 돕기 위해 마련된 것이 "오정현 다락방 시리즈"이다.

본 시리즈를 사용하는 데 있어 다음의 몇 가지를 참고해 주기 바란다.

1. 이 교재는 소그룹에서 귀납적인 방법으로 성경을 공부하기 위해 만든 것이다. 즉 성경의 가르침을 일방적으로 주입하는 대신 충분한 토의를 통해 구성원들의 생각을 먼저 정리하고 그것을 성경의 가르침과 비교하도록 구성되어 있다. 결코 해답 베껴 쓰기 식의 공부가 되지 않도록 해야 한다. 서툴더라도 자기 인식과 활발한 토의 참여에 의한 생생한 결론이 나올 수 있도록 해야 한다. 따라서 지도자는 소그룹 환경에서 귀납적 방법으로 성경을 공부하는 것이 무엇인지를 반드시 먼저 배워야 한다.

2. 이 교재는 교역자가 매주 소그룹 지도자들을 먼저 예습시킨 다음 사용하게 해야 바람직한 효과를 기대할 수 있다. 소그룹 지도자가 공부할 내용을 충분히 이해하도록 해야 한다. 그냥 교재만 던져 주고 마음대로 사용하게 하는 것은 좋지 않다.

3. 소그룹에 참석하는 구성원들은 반드시 예습을 하도록 권장해야 한다.

4. 한 과를 공부하는 데에는 한 시간 이상이 필요하다. 그러므로 각 문제에 따라 답만 찾아보고 넘어가야 할 것과 충분한 토의를 통해 진지하게 적용할 것을 잘 구별해서 진행하는 것이 중요하다.

차 례

서문 • 4
교재 사용에 대하여 • 6

1. 삶의 우선순위에 민감하라(1:1-11) • 10
2. 하나님이 주신 기회를 붙잡으라(2:1-8) • 18
3. 하나님의 시각이 필요하다(2:10-20) • 26
4. 회복을 주는 하나님의 공동체(3:1-32) • 34
5. 포기하지 않는 믿음(4:1-23) • 42
6. 교회는 시대 앞에 무엇을 해야 하는가?(5:1-19) • 50
7. 하나님의 도우심이 필요하다(6:1-16) • 58
8. 사람은 무엇으로 변화하는가(8:1-7) • 66
9. 말씀의 부흥을 갈망함(8:8-12) • 74
10. 순종의 초막절(8:13-18) • 82
11. 우리를 지으신 하나님께 무릎을 꿇자(9:1-36) • 88
12. 새로운 서약(9:38-10:39) • 96
13. 하나님은 이렇게 일 하신다(11:1-12:26) • 104
14. 기쁨의 봉헌식(12:27-47) • 112
15. 그러면 우리는 어떻게 살아야 하나(13:1-14) • 120
16. 은혜의 하루살이(13:15-31) • 128

01. 삶의 우선순위에 민감하라

느헤미야 1:1-11

1하가랴의 아들 느헤미야의 말이라 아닥사스다 왕 제이십년 기슬르월에 내가 수산 궁에 있는
데 2내 형제들 가운데 하나인 하나니가 두어 사람과 함께 유다에서 내게 이르렀기로 내가 그
사로잡힘을 면하고 남아 있는 유다와 예루살렘 사람들의 형편을 물은즉 3그들이 내게 이르되
사로잡힘을 면하고 남아 있는 자들이 그 지방 거기에서 큰 환난을 당하고 능욕을 받으며 예
루살렘 성은 허물어지고 성문들은 불탔다 하는지라 4내가 이 말을 듣고 앉아서 울고 수일 동
안 슬퍼하며 하늘의 하나님 앞에 금식하며 기도하여 5이르되 하늘의 하나님 여호와 크고 두
려우신 하나님이여 주를 사랑하고 주의 계명을 지키는 자에게 언약을 지키시며 긍휼을 베푸
시는 주여 간구하나이다 6이제 종이 주의 종들인 이스라엘 자손을 위하여 주야로 기도하오며
우리 이스라엘 자손이 주께 범죄한 죄들을 자복하오니 주는 귀를 기울이시며 눈을 여시사 종
의 기도를 들으시옵소서 나와 내 아버지의 집이 범죄하여 7주를 향하여 크게 악을 행하여 주
께서 주의 종 모세에게 명령하신 계명과 율례와 규례를 지키지 아니하였나이다 8옛적에 주께
서 주의 종 모세에게 명령하여 이르시되 만일 너희가 범죄하면 내가 너희를 여러 나라 가운
데에 흩을 것이요 9만일 내게로 돌아와 내 계명을 지켜 행하면 너희 쫓긴 자가 하늘 끝에 있
을지라도 내가 거기서부터 그들을 모아 내 이름을 두려고 택한 곳에 돌아오게 하리라 하신
말씀을 이제 청하건대 기억하옵소서 10이들은 주께서 일찍이 큰 권능과 강한 손으로 구속하신
주의 종들이요 주의 백성이니이다 11주여 구하오니 귀를 기울이사 종의 기도와 주의 이름을
경외하기를 기뻐하는 종들의 기도를 들으시고 오늘 종이 형통하여 이 사람들 앞에서 은혜를
입게 하옵소서 하였나니 그 때에 내가 왕의 술 관원이 되었느니라

마음의 문을 열며

위기는 인생에 있어서 중요한 것(something)과 하찮은 것(nothing)을 구별하는 시금석이 됩니다. 우리들은 세상을 살면서 부부, 자녀, 경제, 건강 등의 문제로 어려움에 처하게 되고, 불의의 사고를 당하거나 사랑하는 가족과 사별하는 등의 혹독한 시련을 겪게 될 때가 있습니다. 이럴 때 우리들은 '내 인생의 우선순위는 무엇인가?' '과연 무엇을 위해 살 것인가?' 하는 본질적인 질문을 스스로에게 던지게 됩니다. 이렇게 예상치 않은 위기와 고난을 만나서야 비로소 자기 삶을 되돌아보게 되는 것입니다.

그런 점에서 느헤미야서는 우리 삶에서 무엇이 우선순위가 되어야 하고, 그 우선순위에 대해 우리가 어떻게 반응해야 하며, 어떻게 내 삶에 가치 있는 새 역사를 써 나갈 수 있는지에 대해 열정적으로 해답을 제시하고 있습니다. 지금부터 느헤미야와 동행하며 하나님을 향한 그의 뜨거운 열정을 체감해 봄으로써 우리 삶의 우선순위를 새롭게 붙잡도록 합시다.

말씀의 씨를 뿌리며

1. 주전 586년경 느부갓네살 왕이 다스리던 바벨론 제국은 당시 최강국이던 이집트와 앗수르 제국을 무너뜨리고 새로운 강자로 등장했습니다. 그 무렵의 선지자였던 예레미야는 이스라엘 백성들을 향해, 하나님께 순종할 것과 만일 계명을 지키지 않으면 나라가 망하고 민족이 포로로 잡혀갈 것을 눈물로 호소했습니다. 그럼에도 불구하고 이스라엘 백성들은 전혀 위기의식을 느끼지 못했고, 결국 유대 왕국은 바벨론에게 멸망당했습니다. 그런데 주전 538년 1차 포로 귀환을 시작으로 100여 년이 채 못 된 시점에서 느헤미야는 동족 유다와 예루살렘에 대해 어떤 소식을 들었습니까?

• 2-3절 /

2. 역사학자 요세프스가 당시 예루살렘 길에 날마다 시체가 즐비하였다고 기록하고 있을 정도로, 유대인들은 이방인들의 공격에 무방비 상태로 노출되어 있었습니다. 느헤미야는 자신의 동포와 조국이 처한 가슴 아픈 상황을 듣고 어떻게 반응합니까?

• 4절 /

3. 11절 하반절을 보십시오. 느헤미야의 직책이 무엇입니까? 당시 술 관원은 왕의 신변 보호는 물론 왕의 곁에서 국정 자문까지 할 수 있는 자리로 페르시아 제국의 핵심 요직 중 하나였습니다. 이런 인물이었던 그가 이와 같이 반응할 수 있었던 것은 자신의 안락한 삶보다 어디에 더 우선순위를 두었기 때문일까요?

4. 느헤미야는 민족을 사랑했기에 그들을 위하여 무엇을 할 것인지 늘 생각했습니다. 어쩌면 그는 백성들을 위해 자신을 사용해 달라고 기도하면서, 자신을 향한 하나님의 계획에 주목했을 것입니다. 당신은 어떻습니까? 당신이 처한 상황과 지위 속에서 어디에 우선순위를 두고 살아갑니까? 느헤미야처럼 가슴 한 켠에 나라와 민족을 향해 애통하는 심정이 있습니까?

5. 느헤미야의 기도는 신학이나 이론이 아니었습니다. 하나님의 언약에 기초한 하나님 중심의 기도였습니다. 고난 받는 동족을 위해 드리는 느헤미야의 중보기도를 살펴보십시오.

• 하나님(5절) /

• 회개(6-7절) /

• 간구(8-11절) /

6. 하나님은 민족을 위해 전심으로 기도하는 느헤미야에게 소명을 심어 주셨습니다. 그는 기도 중에 하나님께서 자신이 예루살렘으로 가서 성곽을 쌓길 원하신다는 것을 깨닫게 되었고, 기도의 말미에서 이 일을 위해 왕의 마음을 감동시켜 길을 열어 달라고 간구합니다(11절). 이것은 그의 기도를 통해 보여 주신 하나님의 응답임과 동시에 앞으로 고난까지라도 각오하고 그 소명을 이루겠다는 그의 순종에 대한 응답이었습니다. 특별히 5-11절에 이르는 느헤미야의 기도를 읽으면서 당신에게 어느 부분이 도전이 됩니까? 그리고 당신의 기도에서 결여된 부분이 있다면 무엇입니까?

7. 다음 글을 읽고 자신의 신앙과 삶의 우선순위를 바로 세우기 위해 먼저 버려야 할 것이 무엇인지 이야기해 봅시다.

구세군의 창시자인 윌리엄 부스(William Booth)는 지치지 않는 열정으로 하나님의 일을 감당했습니다. 그는 사람들이 그 열정의 비결을 묻자 이렇게 대답했다고 합니다. "내 마음속에는 단 두 단어가 있습니다. 울음(cry)과 눈물(tear)입니다." 지나가는 행인들, 예수 믿지 않는 불신자들, 그리고 죄악이 가득한 시대를 보면서 날마다 애통해하며 운다는 뜻입니다.

지금 당신의 마음속에는 어떤 단어가 들어 있습니까? 당신의 삶을 이끌어 가는 단어는 무엇입니까? 느헤미야 1장을 보면 느헤미야의 마음을 지켰던 단어는 바로 '기도'였습니다. 기도가 그의 영혼의 눈물샘을 터트렸고, 기도가 자신의 안락함을 내려놓게 했고, 기도가 하나님의 자비하심을 구하게 했습니다. 그리고 느헤미야의 기도 속에는 동족에 대한 슬픔과 하나님의 영광에 대한 간절함이 담겨 있었습니다. 이처럼 하나님께서 주신 상한 심령 때문에, 느헤미야는 잘못된 방향으로 가는 오류를 범하지 않고 신앙과 삶의 우선순위를 바로잡을 수 있었던 것입니다.

삶의 열매를 거두며

한 사람의 거룩한 우선순위가 한 민족을 구하고, 한 사람의 통절한 기도가 역사의 진로를 바꾸는 그 현장 앞에 지금 우리는 서 있습니다. 오늘도 이 시대 가운데 유유히 흐르는 하나님의 거대한 역사 속에서 당신이 붙잡아야 할 우선순위는 무엇입니까? 그것을 통해 나 자신은 물론 가정과 교회, 그리고 이 시대가 올바른 길로 방향을 바꿀 수 있도록 기도의 강가로 나아가 눈물의 기도를 드리지 않겠습니까?

02. 하나님이 주신 기회를 붙잡으라

느헤미야 2:1-8

1아닥사스다 왕 제이십년 니산월에 왕 앞에 포도주가 있기로 내가 그 포도주를 왕에게 드렸는
데 이전에는 내가 왕 앞에서 수심이 없었더니 2왕이 내게 이르시되 네가 병이 없거늘 어찌하
여 얼굴에 수심이 있느냐 이는 필연 네 마음에 근심이 있음이로다 하더라 그 때에 내가 크게
두려워하여 3왕께 대답하되 왕은 만세수를 하옵소서 내 조상들의 묘실이 있는 성읍이 이제까
지 황폐하고 성문이 불탔사오니 내가 어찌 얼굴에 수심이 없사오리이까 하니 4왕이 내게 이르
시되 그러면 네가 무엇을 원하느냐 하시기로 내가 곧 하늘의 하나님께 묵도하고 5왕에게 아
뢰되 왕이 만일 좋게 여기시고 종이 왕의 목전에서 은혜를 얻었사오면 나를 유다 땅 나의 조
상들의 묘실이 있는 성읍에 보내어 그 성을 건축하게 하옵소서 하였는데 6그 때에 왕후도 왕
곁에 앉아 있었더라 왕이 내게 이르시되 네가 몇 날에 다녀올 길이며 어느 때에 돌아오겠느
냐 하고 왕이 나를 보내기를 좋게 여기시기로 내가 기한을 정하고 7내가 또 왕에게 아뢰되 왕
이 만일 좋게 여기시거든 강 서쪽 총독들에게 내리시는 조서를 내게 주사 그들이 나를 용납
하여 유다에 들어가기까지 통과하게 하시고 8또 왕의 삼림 감독 아삽에게 조서를 내리사 그
가 성전에 속한 영문의 문과 성곽과 내가 들어갈 집을 위하여 들보로 쓸 재목을 내게 주게 하
옵소서 하매 내 하나님의 선한 손이 나를 도우시므로 왕이 허락하고

마음의 문을 열며

사람들은 대부분 분명하고 뚜렷한 목표와 비전을 가지고 있을지라도 그것을 이루는 과정에서 여러 가지 난관들에 부딪히게 되면 여지없이 주춤거리고 맙니다. 왜냐하면 하나님의 때에 대한 확신이 확고히 서지 못했기 때문입니다. 그러나 하나님의 때에 타이밍을 맞추고 철저히 준비하면, 느헤미야처럼 기적 같은 응답을 경험할 수 있습니다. 이것은 주의 이름을 경외하는 종들에게 예비된 기도응답이기도 합니다(1:11). 하나님은 매 순간 하나님의 인도하심을 믿는 자의 그 믿음을 존중해 주실 뿐만 아니라 그의 믿음대로 길을 열어 주시는 분입니다. 실로 우리가 걷고 있는 인생길에는 고통과 실패, 괴로움과 낙심을 가져다주는 돌부리들이 많이 있습니다. 그렇다고 해서 미리 걱정하여 넘어질 자리를 봐 두는 어리석은 짓은 하지 말아야 합니다. 도리어 하나님을 신뢰함으로 견고히 서 있을 수 있는 방법을 모색해 보십시오. 하나님과 주파수를 맞추며 하나님이 주시는 기회를 붙잡으려고 준비하는 자에게 하나님의 때는 반드시 찾아옵니다. 이제 느헤미야를 통해 하나님이 주시는 기회를 붙잡는 지혜에 대해 배워 보도록 합시다.

말씀의 씨를 뿌리며

1. 느헤미야가 고국으로부터 급박한 소식을 듣고 나서 왕에게 부탁하기까지 얼마의 시간이 지났습니까? 이 기다림의 기간이 느헤미야에게는 어떠한 시간이 되었으리라고 생각합니까?

• 1:1, 11; 2:1 /

2. 느헤미야는 기도하면서 적극적으로 하나님의 때를 기다렸습니다. 뿐만 아니라 동족들의 고난과 아픔을 함께 슬퍼하고 함께 아파하면서 그가 감당해야 할 사명과 목적을 더욱 분명히 하고 구체화시켰을 것입니다. 당신은 열심히 기도했음에도 불구하고 하나님께서 즉각적인 응답을 보류하신 채 기다리게 하신다면 어떻게 반응합니까?

3. 평소 왕 앞에서 허점을 보이지 않고 항상 밝은 모습으로 섬기던 느헤미야가 이 순간 마음속에 있는 수심을 들키고 맙니다(1-2절). 그것도 왕의 심기를 편하게 하고 분위기를 돋우어야 할 술 관원이 얼굴에 근심을 띤다는 것은 심각한 직무유기였습니다. 잘못하면 처형당할 수도 있는 이 절체절명의 순간에 느헤미야는 어떻게 위기를 기회의 때로 붙잡고 있습니까?

• 3절 /

4. 느헤미야는 예루살렘을 곧바로 언급하지 않고 우회적으로 말을 돌렸습니다. 왕의 심기를 건드릴 수 있는 정치적인 문제가 아닌 개인적인 문제로 이야기합니다. 느헤미야는 먼저 하나님께 묵도한 후 어떠한 것들까지 구합니까?

• 5절 /

• 6절 /

• 7절 /

• 8절 /

5. 느헤미야는 이 순간을 얻기 위해 그동안 얼마나 많이 기도해 왔는지 모릅니다. 느헤미야는 하나님의 때를 기다렸고, 그때가 왔을 때 지난 넉 달간 계획하고 준비한 내용들을 상세하게 구했습니다. 이토록 철저하고도 치밀하게 준비한 그였지만 그는 정작 왕이 그의 요구를 들어주게 된 이유를 무엇이라고 밝히고 있습니까?(잠언 21:1 참조)

• 10절 /

6. 느헤미야가 예루살렘으로 돌아가 성벽을 재건하기까지는 결코 쉽지 않은 여정이었습니다. 그의 요구에서도 알 수 있듯이 그가 앞으로 뚫어야 할 관문은 한두 가지가 아니었습니다. 그럼에도 그가 왕 앞에서 이런 담대함을 가질 수 있었던 것은 하나님의 때에 대한 확신이 있었기 때문입니다. 요즘 당신이 하나님의 때를 구하고 있는 문제는 무엇입니까? 아무리 힘들고 막막한 상황이라 할지라도 왜 하나님의 때가 반드시 오리라는 확신을 가져야 합니까?(이사야 60:22; 시편 126:5-6; 베드로전서 5:6 참조)

7. 다음 글을 읽고 느낀 점을 이야기해 봅시다.

우리가 믿음으로 산다는 것은 결코 아무런 계획 없이 산다는 말이 아닙니다. 믿음과 계획은 '같이 가는' 것입니다. 이에 대해 찰스 스윈돌(Charles R. Swindoll) 목사님은 다음과 같이 말합니다. "많은 사람들이 주님의 사역을 하는 데 아무런 계획 없이 착수하는 것을 볼 때 저는 염려하지 않을 수 없습니다. 그들은 이 일이 어떻게 진전될 것인지, 비용은 얼마나 들며, 이 사역의 목적은 무엇이고, 도중에 어떠한 어려움이 있는지를 전혀 생각하지 않습니다. 저는 비용을 전혀 고려하지 않고 열정에만 사로잡혀 사역에 뛰어들었다가 중도에 포기한 사람들과 가정들을 상당수 알고 있습니다. 제가 알기로는 신앙적으로 가장 환멸을 느끼는 사람들이란 아무 계획 없이 사역을 시작했다가 중단할 수밖에 없었던 사람들입니다."

하나님을 의지하고 믿는다는 것은 단순히 하나님의 때를 기다리며 기도만 하는 것을 의미하지 않습니다. 느헤미야는 기도를 통해 목표를 분명히 하고, 문제를 예견하였으며, 치러야 할 대가를 감당하기 위해 준비했습니다. 그렇기 때문에 왕이 질문했을 때 조금도 주저하지 않고 미리 준비한 전략과 계획을 즉시 대답할 수 있었고, 미래에 대한 청사진을 펼쳐 보일 수 있었습니다. 이렇게 하나님의 때에 맞추어 모든 준비를 마치자 그가 요청하지도 않은 보너스까지 받게 되었고, 군대 장관과 마병의 호위를 받으며 예루살렘으로 향하게 된 것입니다(9절).

삶의 열매를 거두며

느헤미야처럼 하나님께서 주신 기회를 붙잡기 위해서는 하나님의 때에 대한 확신만으로는 안 됩니다. 다음 세 가지 요건을 살펴보면서 자신에게 필요한 것이 무엇인지 점검해 보십시오.

• 분명한 사명과 뚜렷한 목표의식이 있습니까?

• 통찰력을 가지고 앞으로 생길 일을 예견하며 이에 대비하고 있습니까?

• 목표를 위해 필요한 비용을 미리 계산했습니까?

03. 하나님의 시각이 필요하다

느헤미야 2:10-20

10호론 사람 산발랏과 종이었던 암몬 사람 도비야가 이스라엘 자손을 흥왕하게 하려는 사람
이 왔다 함을 듣고 심히 근심하더라 11내가 예루살렘에 이르러 머무른 지 사흘 만에 12내 하나
님께서 예루살렘을 위해 무엇을 할 것인지 내 마음에 주신 것을 내가 아무에게도 말하지 아
니하고 밤에 일어나 몇몇 사람과 함께 나갈새 내가 탄 짐승 외에는 다른 짐승이 없더라 13그
밤에 골짜기 문으로 나가서 용정으로 분문에 이르는 동안에 보니 예루살렘 성벽이 다 무너졌
고 성문은 불탔더라 14앞으로 나아가 샘문과 왕의 못에 이르러서는 탄 짐승이 지나갈 곳이 없
는지라 15그 밤에 시내를 따라 올라가서 성벽을 살펴본 후에 돌아서 골짜기 문으로 들어와 돌
아왔으나 16방백들은 내가 어디 갔었으며 무엇을 하였는지 알지 못하였고 나도 그 일을 유다
사람들에게나 제사장들에게나 귀족들에게나 방백들에게나 그 외에 일하는 자들에게 알리지
아니하다가 17후에 그들에게 이르기를 우리가 당한 곤경은 너희도 보고 있는 바라 예루살렘이
황폐하고 성문이 불탔으니 자, 예루살렘 성을 건축하여 다시 수치를 당하지 말자 하고 18또 그
들에게 하나님의 선한 손이 나를 도우신 일과 왕이 내게 이른 말씀을 전하였더니 그들의 말
이 일어나 건축하자 하고 모두 힘을 내어 이 선한 일을 하려 하매 19호론 사람 산발랏과 종이
었던 암몬 사람 도비야와 아라비아 사람 게셈이 이 말을 듣고 우리를 업신여기고 우리를 비
웃어 이르되 너희가 하는 일이 무엇이냐 너희가 왕을 배반하고자 하느냐 하기로 20내가 그들
에게 대답하여 이르되 하늘의 하나님이 우리를 형통하게 하시리니 그의 종들인 우리가 일어
나 건축하려니와 오직 너희에게는 예루살렘에서 아무 기업도 없고 권리도 없고 기억되는 바
도 없다 하였느니라

마음의 문을 열며

사람들은 일반적으로 자신을 대적하는 무리한테서 도전이나 방해를 받아 궁지에 몰리게 되면 비관적이 되거나 수동적이 되기 쉽습니다. 또한 하던 일마저 포기하고 싶은 유혹을 느끼게 됩니다. 그러나 하나님의 사람들은 어떤 어려운 처지에서도 하나님의 시각을 가지고 한 차원 높은 가능성을 꿰뚫어 봅니다. 이것은 세상 사람들의 안목이 아닌 성령이 주시는 초월의 신앙이라고 할 수 있습니다. 사실 오늘날같이 즉물적(卽物的)이고 즉흥적(卽興的)이며 즉시적(卽視的)인 것을 중요하게 여기는 시대에는 더더욱 믿음의 눈으로 보고 해석하는 것이 중요합니다.

이런 점에서 느헤미야는 육신의 눈을 너머 영의 눈, 즉 하나님의 시각으로 세상을 보았던 사람입니다. 우리 역시 느헤미야처럼 세상이 아무리 안개로 뒤덮여 자욱하다 할지라도 믿음의 눈을 가지고 그 안개 너머로 하나님께서 예비하신 것을 바라보아야 할 것입니다. 이 시간, 우리의 시각이 하나님의 시각으로 바뀌어 먼 발치에 있던 하나님의 기대치가 우리들의 가슴속에서 숨쉬길 바랍니다.

말씀의 씨를 뿌리며

1. 느헤미야가 수산 궁을 떠나 예루살렘 고토를 밟기까지 최소 2개월이 걸렸을 것을 감안하면, 때는 바야흐로 그가 맨 처음 기도하기 시작했을 때로부터 적어도 6개월의 시간이 흐른 뒤입니다. 느헤미야는 그토록 그리던 예루살렘에 도착하여 하루라도 빨리 사람들을 만나고 미리 계획한 청사진대로 성벽 재건을 착수할 만도 한데 결코 서두르지 않았습니다. 그가 일을 추진하기까지의 과정을 살펴보십시오.

• 하나님의 인도를 구함(11-12a절) /

• 상황 파악을 위한 현장 답사(12b-15절) /

2. 느헤미야는 그의 힘이나 능력을 의지하지 않고 철저히 하나님의 도우심과 인도하심 가운데 성벽 건축을 감당하기를 원했습니다. 그러나 상황은 예상했던 것보다도 훨씬 더 심각했습니다(13-14절). 이런 참담한 광경을 목도하고 난 느헤미야는 백성들을 어떤 말로 독려하고 있습니까?

• 17-18절 /

3. 예루살렘 거민의 가장 큰 문제는 비관주의와 낙심이었습니다. 느헤미야는 이를 치료하는 것이 무너진 성벽을 재건하는 것보다 더 우선이라고 판단하여 백성들로 하여금 하나님이 하실 일을 기대하게 하고, 폐허가 된 예루살렘을 사람의 눈이 아닌 영적인 시각으로 바라보도록 이끌었습니다. 무엇이 느헤이먀로 하여금 이런 확신을 가지게 하였을까요?

• 18a, 20a절 /

4. 하나님의 시각은 어떠한 장벽 앞에서도 결코 꺾이거나 굴절되는 법이 없습니다. 따라서 이러한 시각을 가진 사람은 도무지 가능성이 없어 보이는 황폐하고 척박한 상황일지라도 개인과 교회, 그리고 민족과 역사의 흐름 가운데 생명의 씨앗을 틔웁니다. 당신은 어떻습니까? 하나님의 시각을 소유하지 못하고 하나님의 선한 손을 잊어버려 낙심하거나 손해 본 적은 없습니까? 그때 깨달은 점은 무엇입니까?

5. 그리스도인들이 하나님의 영광스러운 일에 참예하려고 하면 으레 대적하는 세력이 나타나게 마련입니다. 특히 그 일이 하나님께서 계획하시고 기뻐하시는 일일 경우 더욱 그렇습니다. 느헤미야를 비롯한 하나님의 사람들이 힘을 모아 성벽을 다시 세우고자 했을 때, 어떤 일이 벌어졌습니까?

• 10절 /

• 19절 /

6. 이처럼 산발랏과 도비야와 아라비아 사람 게셈이 느헤미야의 계획에 대해 통렬하게 비웃고 방해하며 온갖 모략을 꾸민 근본적인 이유는 무엇일까요? 다니엘 9장 25-26절을 참고로 하여 하나님 나라의 역사적 관점에서 설명해 보십시오.

7. 다음 글을 읽고 하나님의 시각을 갖는 것이 왜 중요한지 이야기해 봅시다.

1885년 4월 5일 봄비 내리는 부활절 아침, 언더우드가 복음을 들고 제물포 해변에 첫발을 내딛기 직전에 하나님께 드렸던 기도에서 우리는 하나님의 눈으로 세상을 보는 것이 과연 무엇을 말하는지를 생생하게 엿볼 수 있습니다.

"오 주여, 지금은 아무것도 보이지 않습니다. 주님, 메마르고 가난한 땅, 나무 한 그루 시원스레 자라 오르지 못한 땅에 저희들을 옮겨와 심으셨습니다. 그 넓고 넓은 태평양을 건너왔다는 사실 자체가 기적입니다. 주께서 붙잡아 뚝 떨어뜨려 놓으신 듯한 이곳, 지금은 아무것도 보이지 않습니다. 보이는 것은 고집스럽게 얼룩진 어둠뿐입니다. 어둠과 가난한 인습에 묶여 있는 조선 사람뿐입니다. 그들은 왜 묶여 있는지도 모르고 그것이 고통이라는 사실조차도 모르고 있습니다.

오 주여, 지금은 아무것도 보이지 않습니다. 그러나 주님, 순종하겠습니다. 겸손하게 순종할 때 주께서 일을 시작하시고, 그 하시는 일을 우리들이 영적인 눈으로 볼 수 있는 날이 있을 줄 믿나이다. '믿음은 바라는 것들의 실상이요, 보지 못하는 것들의 증거' 라고 하신 말씀을 따라 조선의 믿음의 앞날을 볼 수 있게 될 것을 믿습니다. 지금은 비록 저희들이 우리를 향해 서양귀신, 양귀자(洋鬼子)라고 손가락질 하고 있사오나 장차 저희들이 우리 영혼과 하나인 것을 깨닫고 하늘나라의 한 백성, 한 자녀임을 알고 눈물로 기뻐할 날이 있을 것임을 믿나이다. 지금은 예배드릴 예배당도 없고 학교도 없고, 그저 경계와 의심과 멸시와 천대만이 가득한 곳이지만 이곳이 머지않아 은총의 땅이 되리라는 것을 믿습니다. 주여! 오직 제 믿음을 지켜 주소서."

척박한 환경에서도 믿음의 눈으로 은총의 땅을 바라보았던 것이 느헤미야와 언더우드의 공통점이라면, 동일한 하나님을 섬기고 있는 우리 역시 어려운 인생 여정을 축복의 여정으로 바꾸기 위해서 반드시 하나님의 시각을 가져야 할 것입니다.

삶의 열매를 거두며

우리에게는 저마다 하나님이 맡겨 주신 소명들이 있습니다. 하지만 이것들을 완수하려 할 때 21세기 판 도비야와 게셈, 곧 각종 음해와 음모와 조롱을 만나게 됩니다. 그럴 때 당신의 입에서 처음으로 나오는 말은 무엇입니까? 처음 품는 생각이 무엇입니까? 소극적, 부정적, 비관적인 태도에서 한 단계 올라서서 당신이 처한 현실을 바라보며 능동적, 긍정적, 희망적인 하나님의 시각을 나누어 보십시오.

04. 회복을 주는 하나님의 공동체

느헤미야 3:1-32

[1]그 때에 대제사장 엘리아십이 그의 형제 제사장들과 함께 일어나 양문을 건축하여 성별하고
문짝을 달고 또 성벽을 건축하여 함메아 망대에서부터 하나넬 망대까지 성별하였고 [2]그 다음
은 여리고 사람들이 건축하였고 또 그 다음은 이므리의 아들 삭굴이 건축하였으며 [3]어문은 하
스나아의 자손들이 건축하여 그 들보를 얹고 문짝을 달고 자물쇠와 빗장을 갖추었고 [4]그 다음
은 학고스의 손자 우리아의 아들 므레못이 중수하였고 그 다음은 므세사벨의 손자 베레갸의
아들 므술람이 중수하였고 그 다음은 바아나의 아들 사독이 중수하였고 [5]그 다음은 드고아 사
람들이 중수하였으나 그 귀족들은 그들의 주인들의 공사를 분담하지 아니하였으며 [6]옛 문은
바세아의 아들 요야다와 브소드야의 아들 므술람이 중수하여 그 들보를 얹고 문짝을 달고 자
물쇠와 빗장을 갖추었고 [7]그 다음은 기브온 사람 믈라댜와 메로놋 사람 야돈이 강 서쪽 총독의
관할에 속한 기브온 사람들 및 미스바 사람들과 더불어 중수하였고 [8]그 다음은 금장색 할해야
의 아들 웃시엘 등이 중수하였고 그 다음은 향품 장사 하나냐 등이 중수하되 그들이 예루살렘
의 넓은 성벽까지 하였고 [9]그 다음은 예루살렘 지방의 절반을 다스리는 후르의 아들 르바야가
중수하였고 [10]그 다음은 하루맙의 아들 여다야가 자기 집과 마주 대한 곳을 중수하였고 그 다
음은 하삽느야의 아들 핫두스가 중수하였고 [11]하림의 아들 말기야와 바핫모압의 아들 핫숩이
한 부분과 화덕 망대를 중수하였고 [12]그 다음은 예루살렘 지방 절반을 다스리는 할로헤스의 아
들 살룸과 그의 딸들이 중수하였고 [13]골짜기 문은 하눈과 사노아 주민이 중수하여 문을 세우며
문짝을 달고 자물쇠와 빗장을 갖추고 또 분문까지 성벽 천 규빗을 중수하였고 [14]분문은 벧학게
렘 지방을 다스리는 레갑의 아들 말기야가 중수하여 문을 세우며 문짝을 달고 자물쇠와 빗장
을 갖추었고 [15]샘문은 미스바 지방을 다스리는 골호세의 아들 살룬이 중수하여 문을 세우고 덮
었으며 문짝을 달고 자물쇠와 빗장을 갖추고 또 왕의 동산 근처 셀라 못 가의 성벽을 중수하
여 다윗 성에서 내려오는 층계까지 이르렀고 [16]그 다음은 벧술 지방 절반을 다스리는 아스북의
아들 느헤미야가 중수하여 다윗의 묘실과 마주 대한 곳에 이르고 또 파서 만든 못을 지나 용
사의 집까지 이르렀고 [17]그 다음은 레위 사람 바니의 아들 르훔이 중수하였고 그 다음은 그일

라 지방 절반을 다스리는 하사뱌가 그 지방을 대표하여 중수하였고 18그 다음은 그들의 형제들
가운데 그일라 지방 절반을 다스리는 헤나닷의 아들 바왜가 중수하였고 19그 다음은 미스바를
다스리는 예수아의 아들 에셀이 한 부분을 중수하여 성 굽이에 있는 군기고 맞은편까지 이르
렀고 20그 다음은 삽배의 아들 바룩이 한 부분을 힘써 중수하여 성 굽이에서부터 대제사장 엘
리아십의 집 문에 이르렀고 21그 다음은 학고스의 손자 우리야의 아들 므레못이 한 부분을 중
수하여 엘리아십의 집 문에서부터 엘리아십의 집 모퉁이에 이르렀고 22그 다음은 평지에 사는
제사장들이 중수하였고 23그 다음은 베냐민과 핫숩이 자기 집 맞은편 부분을 중수하였고 그
다음은 아나냐의 손자 마아세야의 아들 아사랴가 자기 집에서 가까운 부분을 중수하였고 24그
다음은 헤나닷의 아들 빈누이가 한 부분을 중수하되 아사랴의 집에서부터 성 굽이를 지나 성
모퉁이에 이르렀고 25우새의 아들 발랄은 성 굽이 맞은편과 왕의 윗 궁에서 내민 망대 맞은편
곧 시위청에서 가까운 부분을 중수하였고 그 다음은 바로스의 아들 브다야가 중수하였고 26(그
때에 느디님 사람은 오벨에 거주하여 동쪽 수문과 마주 대한 곳에서부터 내민 망대까지 이르
렀느니라) 27그 다음은 드고아 사람들이 한 부분을 중수하여 내민 큰 망대와 마주 대한 곳에서
부터 오벨 성벽까지 이르렀느니라 28마문 위로부터는 제사장들이 각각 자기 집과 마주 대한
부분을 중수하였고 29그 다음은 임멜의 아들 사독이 자기 집과 마주 대한 부분을 중수하였고
그 다음은 동문지기 스가냐의 아들 스마야가 중수하였고 30그 다음은 셀레먀의 아들 하나냐와
살랍의 여섯째 아들 하눈이 한 부분을 중수하였고 그 다음은 베레갸의 아들 므슬람이 자기의
방과 마주 대한 부분을 중수하였고 31그 다음은 금장색 말기야가 함밉갓 문과 마주 대한 부분
을 중수하여 느디님 사람과 상인들의 집에서부터 성 모퉁이 성루에 이르렀고 32성 모퉁이 성
루에서 양문까지는 금장색과 상인들이 중수하였느니라

마음의 문을 열며

느헤미야서의 핵심 키워드는 '하나님의 공동체' 입니다. 하나님께서는 성벽 재건을 계기로 언약 백성을 회복시키시고, 공동체를 새롭게 하시며, 백성들 한 사람 한 사람으로 하여금 하나님의 백성으로서의 분명한 정체성을 갖게 하셨습니다. 느헤미야 3장을 비롯하여 7장과 10-12장에서 언급하는 수많은 이름들이야말로 이를 보여 주는 족적이라 할 수 있습니다. 따라서 성벽 재건은 단순히 무너진 성벽을 다시 쌓아 올리는 토목공사가 아니었습니다. 그것은 하나님의 백성의 정체성을 회복하도록 이끄는 꿈이자 소명이었습니다. 따라서 이스라엘 백성들에게 있어서 성벽 재건은 단순한 건축의 의미를 넘어, 하나님 나라 백성으로서의 거룩함을 확보하는 사건이었습니다.

이제 중요한 역사적 현장에서 헌신된 공동체를 통하여 세상의 공동체와는 다르게 예수의 피로 맺어진 진정한 공동체의 모습을 살펴봅시다. 그리고 이 시간을 계기로 우리 모두에게 하나님 나라를 세우는 성숙한 공동체의 일원으로서 한 차원 높게 도약하는 은혜가 있길 바랍니다.

말씀의 씨를 뿌리며

1. 성벽 재건 공사는 양문을 시작으로, 각 유지가 분할 담당하여 물자 동원과 공정을 책임지는 방식으로 진행되었습니다. 느헤미야는 이 일에 헌신한 38명의 공헌자들의 이름을 상세히 기록하고 있습니다. 당신은 3장을 가득 채운 방명록을 보면서 어떤 느낌을 받습니까? 느헤미야는 왜 이들을 일일이 소개하고 있을까요?

2. 느헤미야 3장은 이스라엘 백성들이 서로 협력하는 모습을 잘 보여 주고 있는데, 이것이야말로 공동체 회복의 열쇠라고 할 수 있습니다. 아래 표를 참고로 성벽 재건 공사에서 발견할 수 있는 특징들을 찾아 보십시오.

	문 및 망대	개 인	가족 및 지역	지위 및 직업
북 쪽 (1-5절)	양문(Sheep Gate), 어문(Fish Gate) - 함메아 망대 - 하나넬 망대	엘리아십, 삭굴, 므레못, 므술람, 사독	여리고 사람들, 하스나아 자손들, 드고아 사람들	대제사장, 제사장
서 쪽 (6-12절)	옛문(Old Gate) - 화덕 망대	요야다, 므술람,믈라댜, 야돈, 웃시엘, 하나냐, 르바야	기브온 사람들, 미스바 사람들, 살룸과 그 딸들	금장색, 향품 장사, 예루살렘 방백
남 쪽 (13-14절)	골짜기문(Valley Gate), 분문(Dung Gate)	하눈, 말기야	사노아 주민	벧학게렘 방백
남 동 쪽 (15-27절)	샘문(Fountain Gate), 수문(Water Gate) - 내민 망대	살룬, 느헤미야, 르훔, 하사뱌, 바왜, 에셀, 바룩, 므레못, 베냐민, 핫숩, 아사랴, 빈누이, 발랄, 브다야	드고아 사람들	미스바 방백, 벧술 방백, 그일라 방백, 제사장
북 동 쪽 (28-32절)	마문(Horse Gate), 동문(East Gate), 함밉갓문(Inspection Gate)	사독, 스마야, 하나냐, 하눈, 므술람, 말기야		제사장, 금장색, 상인

3. 세상 어느 곳에서나 일을 기피하는 사람이 있는 반면, 자기가 맡은 영역에서 최선을 다하는 사람이 있고, 심지어 두 몫까지 감당하는 사람도 있게 마련입니다. 다음 구절들을 통해 다양한 헌신도를 살펴보십시오.(참고로 마지막 부류의 구절들에 쓰인 '한 부분' 이란 문자적으로 '두 번째 부분' 을 말합니다. 곧 자신에게 맡겨진 공사를 재빨리 완료하고, 또 다른 공사에 2차로 뛰어들었음을 알 수 있습니다.)

- 5절 /

- 20절 /

- 11, 19-21, 24, 27, 30절 /

4. 당신이 속한 공동체 안에서도 이런 다양한 참여도와 헌신도를 목격하게 될 것입니다. 그럴 때 당신은 어떤 반응을 보입니까? 우리 공동체가 지향해야 할 성숙한 자세는 무엇이라고 생각합니까?

5. 오늘날 많은 교회에서 10-20%의 성도들이 교회 일의 80-90%를 맡아 하곤 합니다. 나머지 80-90%의 성도들은 예배 출석만 하기 때문에 교회 공동체가 힘 있게 서지 못합니다. 지금 당신은 공동체를 사랑하면서 하나님의 일에 깊이 헌신하고 있습니까? 아니면 이런 저런 이유로 자신의 사명을 회피하고 있습니까? 그렇다면 전자는 어떻게 헌신하고 있는지, 후자는 어떤 부분에서 헌신하고 싶은지 서로 나누어 보십시오.

6. 교회가 하나님이 기뻐하시는 영광스런 공동체가 되려면 모두가 주역이 되어 받은 은사대로 봉사해야 합니다. 다음 구절들을 통해 협력의 원리와 궁극적인 목적을 확인해 보십시오.

- 로마서 12:3–8 /
- 고린도전서 12:4–7, 24–27 /
- 에베소서 4:11–12 /

7. 다음 글을 읽고 느낀 점을 나누어 봅시다.

느헤미야의 예루살렘 성벽 건축은 단순히 건물의 외형을 세운 것에 그친 것이 아니라, 그동안 해체되어 있던 이스라엘 공동체를 다시 세우고, 상실된 정체성을 복원시키는 데 있어서 중요한 기점이 되었습니다. 황무하고 소화된 예루살렘을 재건시키기 위해 느헤미야와 백성들이 공동으로 노력한 것은 그들을 서로 단합시키고, 그릇된 차별 의식을 불식시키며, 그들의 신앙심을 높이기에 충분했을 것입니다.

이러한 협력 정신을 통한 생존은 동물에게서도 볼 수 있습니다. 남극지방의 혹한은 실로 상상을 초월합니다. 한겨울에 영하 60-70도는 보통이고, 1968년 8월에는 영하 88도까지 내려가기도 했습니다. 남극의 절기는 우리가 사는 곳과는 정반대이기 때문에 8월이 가장 추운 달입니다. 게다가 겨울 몇 달 동안은 해가 뜨지 않는 암야기가 이어지고 극지 특유의 강풍까지 몰아칩니다.

그런데 이런 극한 상황에서도 생물들은 살아갑니다. 특히 펭귄의 월동 지혜는 감동스러울 정도입니다. 겨울이 다가오면 펭귄떼는 극점으로 이동하기 시작합니다. 기온이 내려갈수록 조금이라도 따뜻한 곳을 찾는 게 생태계의 철칙임에도 불구하고 펭귄은 제일 추운 곳을 찾습니다. 그래야 강풍을 피할 수 있기 때문입니다. 극점에 도착한 펭귄떼는 서로 몸을 맞대고 촘촘히 포개 앉아 둥그런 원을 만듭니다. 그런 상태로 춥고 캄캄한 겨울을 보냅니다. 서로의 체온에 의지해서 가혹한 시련을 극복하는 것입니다. 서로 자리다툼을 자제한 채 하나로 뭉치는 지혜가 곧 펭귄의 생존전략인 셈입니다.

진정한 협력은 자신뿐만 아니라 공동체의 정체성을 세워 주고, 공동의 목표를 이룰 수 있는 큰 시너지(synergy)를 창출합니다. 혼자서는 성벽을 건축할 수도, 추위를 이길 수도 없지만 우리가 모두 함께하면 이 모든 것이 가능합니다. 당신은 진정한 협력을 통해 경험할 수 있는 상생의 은혜를 얼마나 누리며 살고 있습니까?

삶의 열매를 거두며

느헤미야는 성벽 재건에 헌신한 충성된 사람들의 수고를 자세히 기록하고 있습니다. 할 수만 있다면 그들이 흘린 땀 한 방울까지라도 다 담고 싶었을 것입니다. 중요한 것은 지금 이 순간에도 내가 하는 모든 일들이 누가 보든 안 보든 하나님의 사역 책에 낱낱이 기록되고 있다는 사실입니다. 어떻게 하면 생명의 공동체에 아름답게 공헌하는 인생을 살 수 있을지 나누어 보십시오. 그리고 찬송가 532장을 부르며 우리 모두 이 시대의 일꾼들이 되길 소원합시다.

05. 포기하지 않는 믿음

느헤미야 4:1-23

1산발랏이 우리가 성을 건축한다 함을 듣고 크게 분노하여 유다 사람들을 비웃으며 2자기 형
제들과 사마리아 군대 앞에서 일러 말하되 이 미약한 유다 사람들이 하는 일이 무엇인가, 스
스로 견고하게 하려는가, 제사를 드리려는가, 하루에 일을 마치려는가 불탄 돌을 흙 무더기에
서 다시 일으키려는가 하고 3암몬 사람 도비야는 곁에 있다가 이르되 그들이 건축하는 돌 성
벽은 여우가 올라가도 곧 무너지리라 하더라 4우리 하나님이여 들으시옵소서 우리가 업신여
김을 당하나이다 원하건대 그들이 욕하는 것을 자기들의 머리에 돌리사 노략거리가 되어 이
방에 사로잡히게 하시고 5주 앞에서 그들의 악을 덮어 두지 마시며 그들의 죄를 도말하지 마
옵소서 그들이 건축하는 자 앞에서 주를 노하시게 하였음이니이다 하고 6이에 우리가 성을
건축하여 전부가 연결되고 높이가 절반에 이르렀으니 이는 백성이 마음 들여 일을 하였음이
니라 7산발랏과 도비야와 아라비아 사람들과 암몬 사람들과 아스돗 사람들이 예루살렘 성이
중수되어 그 허물어진 틈이 메꾸어져 간다 함을 듣고 심히 분노하여 8다 함께 꾀하기를 예루
살렘으로 가서 치고 그 곳을 요란하게 하자 하기로 9우리가 우리 하나님께 기도하며 그들로
말미암아 파수꾼을 두어 주야로 방비하는데 10유다 사람들은 이르기를 흙 무더기가 아직도 많
거늘 짐을 나르는 자의 힘이 다 빠졌으니 우리가 성을 건축하지 못하리라 하고 11우리의 원수
들은 이르기를 그들이 알지 못하고 보지 못하는 사이에 우리가 그들 가운데 달려 들어가서
살륙하여 역사를 그치게 하리라 하고 12그 원수들의 근처에 거주하는 유다 사람들도 그 각처
에서 와서 열 번이나 우리에게 말하기를 너희가 우리에게로 와야 하리라 하기로 13내가 성벽
뒤의 낮고 넓은 곳에 백성이 그들의 종족을 따라 칼과 창과 활을 가지고 서 있게 하고 14내가
돌아본 후에 일어나서 귀족들과 민장들과 남은 백성에게 말하기를 너희는 그들을 두려워하지
말고 지극히 크시고 두려우신 주를 기억하고 너희 형제와 자녀와 아내와 집을 위하여 싸우라
하였느니라 15우리의 대적이 우리가 그들의 의도를 눈치챘다 함을 들으니라 하나님이 그들의
꾀를 폐하셨으므로 우리가 다 성에 돌아와서 각각 일하였는데 16그 때로부터 내 수하 사람들
의 절반은 일하고 절반은 갑옷을 입고 창과 방패와 활을 가졌고 민장은 유다 온 족속의 뒤에

있었으며 [17]성을 건축하는 자와 짐을 나르는 자는 다 각각 한 손으로 일을 하며 한 손에는 병
기를 잡았는데 [18]건축하는 자는 각각 허리에 칼을 차고 건축하며 나팔 부는 자는 내 곁에 섰
었느니라 [19]내가 귀족들과 민장들과 남은 백성에게 이르기를 이 공사는 크고 넓으므로 우리가
성에서 떨어져 거리가 먼즉 [20]너희는 어디서든지 나팔 소리를 듣거든 그리로 모여서 우리에게
로 나아오라 우리 하나님이 우리를 위하여 싸우시리라 하였느니라 [21]우리가 이같이 공사하는
데 무리의 절반은 동틀 때부터 별이 나기까지 창을 잡았으며 [22]그 때에 내가 또 백성에게 말
하기를 사람마다 그 종자와 함께 예루살렘 안에서 잘지니 밤에는 우리를 위하여 파수하겠고
낮에는 일하리라 하고 [23]나나 내 형제들이나 종자들이나 나를 따라 파수하는 사람들이나 우리
가 다 우리의 옷을 벗지 아니하였으며 물을 길으러 갈 때에도 각각 병기를 잡았느니라

마음의 문을 열며

그리스도인들은 이 세상을 살아가는 동안 수많은 대적들로부터 공격을 당합니다. "마귀는 쓰러져 있는 시체를 발길로 차지 않는다"는 무디(D. L. Moody)의 말처럼, 우리 그리스도인들이 하나님의 일을 행할 때 방해 받고 공격 받게 되는 것은 우리가 영적으로 살아 있음을 의미합니다. 느헤미야서 4장은 바로 이 악한 세력의 공격을 어떻게 잘 막아 낼 수 있는가를 다루고 있습니다. 이것은 우리가 일상에서 부딪히는 사탄의 교활한 공격과 그 양상이 비슷합니다. 사탄은 온갖 책략을 동원하여 하나님의 백성들이 그들의 정체성을 회복하지 못하도록 방해합니다.

하지만 그럴수록 우리는 진실로 두려워할 분은 오직 한 분 하나님밖에 없음을 기억해야 합니다. 전쟁의 승리는 하나님께 속한 것임을 믿어야 합니다. 역사의 시작과 마침이 하나님께 있음을 확신하는 사람은 결코 포기하지 않습니다. 이 시간 말씀을 통해 어떻게 해야 포기하지 않고 한 차원 높은 믿음을 소유할 수 있을지 그 해답을 찾길 바랍니다.

말씀의 씨를 뿌리며

1. 산발랏을 중심으로 한 대적들은 성벽 재건 공사를 집요하게 감시했습니다. '…함을 듣고'(1, 7절; 2:10, 19; 6:1, 16)라는 구절과 함께 대적들의 반응이 연이어 그려지고 있는 것을 보면 매 순간 그들이 이스라엘의 동태를 살폈음을 알 수 있습니다. 하나님의 역사를 방해하는 세력들의 공격전략이 어떻게 변화하고 있는지 주의 깊게 살펴보십시오.

• 성벽 재건 초반(1–3절) / ....

• 성벽 재건 중반(7–8절) / ....

2. 산발랏과 도비야는 이스라엘 백성들로 하여금 하나님이 아닌 인간적인 조건과 환경을 바라보게 하여 낙심하고 절망하도록 유도했습니다. 이에 대하여 느헤미야는 반론하거나 보복하지 않고 기도하기를 선택합니다. 그런데 여기서 시편의 저주시(시편 83, 109)를 연상케 하는 느헤미야의 기도를 어떻게 이해해야 할까요? 느헤미야는 왜 이런 기도를 드리고 있을까요?(사도행전 9:4–5 참조)

• 4–5절 / ....

3. 느헤미야는 대적들의 반대 공작에도 불구하고 결코 좌절하거나 포기하지 않고 더욱 하나님을 신뢰하는 가운데 백성들을 독려하여 공사를 계속해 나갑니다. 그에게 있어서 기도는 하나님의 지혜와 능력의 보급로요, 하나님을 영적 전투의 선봉장으로 모셔 들이는 최고의 전술이었습니다. 우리 역시 신앙 여정에서 뜻하지 않은 반대와 비난, 악의적인 소문과 공격을 만나곤 합니다. 그럴 때 우리가 먼저 취해야 할 자세는 무엇입니까?

4. 이스라엘은 적들과의 심리전에서 총력전에 이르기까지 사면초가의 상황에서 또 다른 문제에 봉착하게 됩니다. 몇몇 사람들에게 성벽 재건에 대한 회의가 싹트면서 내부적으로 균열의 조짐이 보이기 시작한 것입니다. 어떤 종류의 위기가 찾아왔는지 살펴보십시오.(출애굽기 14:13 참조)

• 무력감(10절) /

• 헛소문(11절) /

• 위기감(12절) /

5. 느헤미야는 맹목적으로 하나님의 도우심만을 간구하지 않았습니다. 중간 중간 상황에 따라 융통성 있게 전략을 수정하여 새로운 조치를 취하는가 하면, 직접 모범을 보이면서 적의 급습에 대비해 만반의 준비를 하였습니다. 그의 전략을 보면서 당신이 배운 점은 무엇입니까?

- 1차 : 파수꾼 배치(9절) / ....

- 2차 : 방위력 보강과 격려(13-14절) / ....

- 3차 : 부역과 전투 조직 편성(16-18절), 지도자의 모범(23절) / ....

6. 느헤미야는 대적자들에게 둘러싸였을 때 하나님이 주신 소명을 끝까지 붙들었습니다. 그러기 위해선 인간이 아닌 '지극히 크고 두려우신 주'를 기억하는 첫 관문을 통과해야 합니다. 사람을 두려워하면 하나님을 두려워하지 않게 되지만, 하나님을 두려워하면 사람을 두려워하지 않게 됩니다. 이것이 영적인 원리입니다. 지금 당신이 벌이고 있는 싸움은 어떤 종류의 싸움입니까? 그 싸움에서 이기기 위해 당신이 세운 전략은 무엇입니까?

7. 우리가 영적 전쟁을 치를 때 어떤 부분에서 균형이 필요한지 다음 글을 읽고 나누어 보십시오.

우범지대에 사는 어느 그리스도인이 "나는 하나님께서 우리 집을 지켜 주시도록 열심히 기도하기 때문에 문을 잠그지 않습니다. 문을 잠그는 것은 하나님을 불신하는 행위입니다" 하고 말하는 것을 들었습니다. 하지만 이것은 잘못된 믿음입니다. 도둑을 두려워한다면, 우리는 하나님의 보호하심을 받기 위해 열심히 기도해야 하고 뿐만 아니라 문단속도 역시 철저히 해야 합니다.

실직의 경우도 마찬가지입니다. 우리는 일자리를 구하기 위해 열심히 기도함과 동시에 직접 발로 뛰어야 합니다. 주님은 활동하는 사람들을 통해 역사 하십니다. 다윗도 사울 왕의 추격을 받을 때 하나님께 기도했을 뿐 아니라 재빨리 도피하여 몸을 숨기기도 했습니다. 추격이 심해질수록 그는 은밀한 곳에 몸을 숨겼습니다. 물론 기도도 열심히 해야 합니다. 그러나 우리가 기도와 더불어 하나님의 지혜를 받아서 열심히 일할 때 비로소 하나님의 역사가 이루어지는 것입니다.

한번은 유명한 전도자인 무디(D. L. Moody)가 배를 타고 대서양을 건너가는데 그만 배에 불이 났다고 합니다. 모든 사람들이 양동이에 물을 받아 나르며 불을 끄기 시작했습니다. 무디도 사람들 틈에 끼어 불을 끄고 있었는데, 일행 중 한 사람이 "무디 선생님, 선생님은 물을 붓지 마시고 저기 구석에 가셔서 하나님께서 불을 꺼 주시도록 엎드려 기도해 주세요" 하고 말하는 것이었습니다. 그러자 무디는 "아닐세, 나는 물을 길어 나르면서 동시에 하나님께 기도하겠네" 하고 말했다고 합니다.

기도와 행동은 양자 택일이 아니라 필수임을 기억하십시오. 만일

어느 한 쪽에 치우쳐 있다면 영적 전쟁에서 패배하기 쉽습니다. 느헤미야처럼 이 둘 사이에 균형감각을 갖추어 승리를 얻을 때까지 포기하지 말고 지속하십시오.

삶의 열매를 거두며

그리스도인들은 어떤 면에서 영적인 칠전팔기(七顚八起)를 경험하는 사람들이라고 할 수 있습니다. 낙심하고 포기하는 것은 하나님이 그의 자녀들에게서 원하시는 모습이 결코 아닙니다. 혹시 소명으로 여기며 수고해 온 일을 방해 세력 때문에 포기하려고 합니까? 꿈과 비전을 가지고 기쁘게 섬기다가 시험을 만나 주춤하고 있습니까? 하나님은 말씀하십니다. "포기하지 말라! 열정을 잃지 말라!" 서로서로를 격려하며 굳게 붙들어 주십시오.

06. 교회는 시대 앞에 무엇을 해야 하는가?

느헤미야 5:1-19

1그 때에 백성들이 그들의 아내와 함께 크게 부르짖어 그들의 형제인 유다 사람들을 원망하는
데 2어떤 사람은 말하기를 우리와 우리 자녀가 많으니 양식을 얻어 먹고 살아야 하겠다 하고
3어떤 사람은 말하기를 우리가 밭과 포도원과 집이라도 저당 잡히고 이 흉년에 곡식을 얻자
하고 4어떤 사람은 말하기를 우리는 밭과 포도원으로 돈을 빚내서 왕에게 세금을 바쳤도다
5우리 육체도 우리 형제의 육체와 같고 우리 자녀도 그들의 자녀와 같거늘 이제 우리 자녀를
종으로 파는도다 우리 딸 중에 벌써 종된 자가 있고 우리의 밭과 포도원이 이미 남의 것이 되
었으나 우리에게는 아무런 힘이 없도다 하더라 6내가 백성의 부르짖음과 이런 말을 듣고 크
게 노하였으나 7깊이 생각하고 귀족들과 민장들을 꾸짖어 그들에게 이르기를 너희가 각기 형
제에게 높은 이자를 취하는도다 하고 대회를 열고 그들을 쳐서 8그들에게 이르기를 우리는
이방인의 손에 팔린 우리 형제 유다 사람들을 우리의 힘을 다하여 도로 찾았거늘 너희는 너
희 형제를 팔고자 하느냐 더구나 우리의 손에 팔리게 하겠느냐 하매 그들이 잠잠하여 말이
없기로 9내가 또 이르기를 너희의 소행이 좋지 못하도다 우리의 대적 이방 사람의 비방을 생
각하고 우리 하나님을 경외하는 가운데 행할 것이 아니냐 10나와 내 형제와 종자들도 역시 돈
과 양식을 백성에게 꾸어 주었거니와 우리가 그 이자 받기를 그치자 11그런즉 너희는 그들에
게 오늘이라도 그들의 밭과 포도원과 감람원과 집이며 너희가 꾸어 준 돈이나 양식이나 새
포도주나 기름의 백분의 일을 돌려보내라 하였더니 12그들이 말하기를 우리가 당신의 말씀대
로 행하여 돌려보내고 그들에게서 아무것도 요구하지 아니하리이다 하기로 내가 제사장들을
불러 그들에게 그 말대로 행하겠다고 맹세하게 하고 13내가 옷자락을 털며 이르기를 이 말대
로 행하지 아니하는 자는 모두 하나님이 또한 이와 같이 그 집과 산업에서 털어 버리실지니
그는 곧 이렇게 털려서 빈손이 될지로다 하매 회중이 다 아멘 하고 여호와를 찬송하고 백성
들이 그 말한 대로 행하였느니라 14또한 유다 땅 총독으로 세움을 받은 때 곧 아닥사스다 왕
제이십년부터 제삼십이년까지 십이 년 동안은 나와 내 형제들이 총독의 녹을 먹지 아니하였
느니라 15나보다 먼저 있었던 총독들은 백성에게서, 양식과 포도주와 또 은 사십 세겔을 그들

에게서 빼앗았고 또한 그들의 종자들도 백성을 압제하였으나 나는 하나님을 경외하므로 이같
이 행하지 아니하고 16도리어 이 성벽 공사에 힘을 다하며 땅을 사지 아니하였고 내 모든 종
자들도 모여서 일을 하였으며 17또 내 상에는 유다 사람들과 민장들 백오십 명이 있고 그 외
에도 우리 주위에 있는 이방 족속들 중에서 우리에게 나아온 자들이 있었는데 18매일 나를 위
하여 소 한 마리와 살진 양 여섯 마리를 준비하며 닭도 많이 준비하고 열흘에 한 번씩은 각종
포도주를 갖추었나니 비록 이같이 하였을지라도 내가 총독의 녹을 요구하지 아니하였음은 이
백성의 부역이 중함이었더라 19내 하나님이여 내가 이 백성을 위하여 행한 모든 일을 기억하
사 내게 은혜를 베푸시옵소서

마음의 문을 열며

20세기 초만 해도 한국 교회는 사회의 버팀목이자 시대를 이끌어 가는 역할로 존경 받는 곳이었습니다. 그러나 1990년대 이후로 교회의 성장은 정체상태에 있으며, 사회는 점점 더 반기독교 정서에 물들어가고 있습니다. 더욱이 각종 갈등을 잉태하는 사회 구조적 불균형과 불공정함, 공공선(公共善)에 대한 문화의 결핍, 협상문화의 부재, 냉소주의의 만연 등과 같은 현 상태를 그대로 방관한다면 우리나라는 결코 한 단계 올라설 수 없습니다.

이러한 시대에 한국 교회의 사명은 공동체 해체와 갈등 양산의 실체인 이기주의에 대해 느헤미야처럼 거룩한 노를 발하는 것입니다. 그는 외부적인 위협(4장)에 이어 내부적인 분열(5장)이 발생했을 때, 이를 외면하거나 도피하지 않고 직접 문제와 대면(confrontation)했습니다. 오늘날 이기주의의 만연으로 사회공동체가 내부에서부터 붕괴되고 있는 이 시대 앞에, 각자 성령께서 주시는 영적인 민감함을 따라 구체적으로 삶에 적용할 수 있기를 바랍니다.

말씀의 씨를 뿌리며

1. 52일 동안의 성벽 재건(6:15)은 경제적으로 어려운 가정들에 많은 희생을 요구했습니다. 그 결과 내부적으로 몇 가지 문제들이 불거져 나왔는데, 백성들의 원망은 구체적으로 무엇이었습니까?

• 1–5절 /

2. 지도층과 부자들은 솔선수범하여 어려운 처지에 있는 사람들에게 곡식을 나눠 주면서 함께 살 길을 모색해야 했습니다. 그러나 그들은 율법의 정신을 무시하고 자신들의 이익만을 꾀함으로 사회적 불평등을 초래했습니다. 이에 대해 느헤미야는 이슈를 공론화하여 문제를 해결합니다. 특별히 어떠한 부분들을 지적하고 있습니까?(레위기 25:35–37, 39–40; 신명기 23:19–20, 24:10–13 참조)

• 8–11절 /

3. 이스라엘의 가장 큰 문제는 공동체의식의 실종이었습니다. 이것이 해결되기 전까지는 성벽 재건은 물론 이스라엘 공동체의 회복도 불가능했습니다 이런 점에서 다니엘 테일러(Daniel Taylor)의 말은 주목할 만합니다. "'그건 내 문제가 아니야' 라는 사고가 역사적으로 볼 때 거대한 악에 협력하도록 만들어 왔다." 몇 사람의 도덕적 무관심이 공동체 전체에 균열을 일으킬 수 있다는 사실을 인정합니까? 당신은 자신에게서 이런 이기심이 발동될 때 어떻게 대처합니까?

4. 사실 느헤미야의 행위는 율법 정신을 크게 위배하지 않은 미미한 것으로 보입니다. 그러나 여기에 자신도 포함시켜(10절) 지도층과 부자들의 소외감과 반감을 줄였으며, 이것이 공동체 전체의 유대와 유익과 단합에 필요한 것임을 일깨워 주고 있습니다. 당신이 속한 공동체가 진실함과 용서를 주고받는 공동체가 되기 위해 당신이 적용할 수 있는 부분은 무엇입니까?

5. 느헤미야는 이전의 총독들과 달리 청렴 결백하게 임무를 수행했습니다. 총독의 지위에 어울리는 권리를 사용하고 요구할 수 있었지만 사도 바울처럼 희생과 섬김의 본을 보였습니다. 느헤미야는 구체적으로 어떤 점에서 차별화된 삶을 살았습니까?(데살로니가후서 3:9 참조)

- 14–18절 /

6. 이처럼 느헤미야가 총독의 녹이 아닌, 하늘의 녹을 바라며 자신을 추스를 수 있었던 단 한가지 이유는 '하나님을 경외' 했기 때문입니다(15b절). 혹시 하나님의 일을 하면서 은연중에 사람에게 인정과 대가를 바라고 요구한 적은 없었는지 이야기해 봅시다.

7. 다음 글을 읽고 느낀 점을 나누어 보십시오.

교회 전문 컨설턴트 조지 바나(George Barna)의 조사결과에 따르면, 혼전순결이나 이혼에 대한 인식, 그리고 동성연애의 허용에 대해서 기독교인이나 비기독교인이 윤리적인 행동 면에서 별 차이가 없다는 통계가 나왔다고 합니다.

오늘날 교회가 이 시대 앞에 무엇을 하기에 앞서 먼저 갖춰야 할 정신이 바로 '코람데오 정신'입니다. 이것은 거룩한 두려움으로 하나님 앞에서 살겠다는, 이른바 신전(神前) 사상을 의미합니다. 그리스도인이야말로 이 코람데오 정신을 이 땅에 뿌리내리게 할 수 있는 유일한 존재입니다. 거룩한 두려움이 있을 때 세상을 바꿀 수 있습니다. 거룩한 두려움으로 충만했던 초대교회는 세상을 확 바꾸어 놓을 수 있었습니다. 후대의 종교 개혁자들은 거룩한 두려움을 가지고 당시의 종교와 문화를 변화시켰습니다.

오늘날 교회가 세상에서 본래의 소명을 실천하는 데에 가장 필요한 것은 하나님에 대한 거룩한 두려움을 회복하는 것입니다. 느헤미야에게는 이 거룩한 두려움이 있었기에 먼저 본을 보일 수 있었으며, 이것이 강력한 힘이 되어 권력자들로 하여금 백성들을 수탈하는 것을 멈추게 했으며, 결국 그들의 거센 반발까지도 막을 수 있었던 것입니다.

삶의 열매를 거두며

느헤미야는 마치 세익스피어가 『리처드 3세』에서 '한 사람의 양심은 천 명의 적을 무찌르는 창칼' 이라고 소리 쳤던 말처럼, 거룩한 창칼이 되어 썩은 것을 도려 내고 상처를 치유하고 있습니다. 느헤미야가 자칫 반발을 살지도 모를 엄한 시책을 당시 유다의 상류층 인사들에게 요구할 수 있었던 것은, 평소에 그 자신이 개인의 영달이 아닌 민족의 존립을 염려하여 합법적 권리까지도 포기하는 삶을 살았기 때문입니다. 교회가 이 시대에 선한 영향력을 미치기 위해서 무엇을 해야 한다고 생각합니까? 하나님께서는 교회 공동체의 일원인 당신에게 오늘 어떠한 부분에서 결단할 것을 요구하십니까?

07. 하나님의 도우심이 필요하다

느헤미야 6:1-16

1산발랏과 도비야와 아라비아 사람 게셈과 그 나머지 우리의 원수들이 내가 성벽을 건축하여 허물
어진 틈을 남기지 아니하였다 함을 들었는데 그 때는 내가 아직 성문에 문짝을 달지 못한 때였더
라 2산발랏과 게셈이 내게 사람을 보내어 이르기를 오라 우리가 오노 평지 한 촌에서 서로 만나자
하니 실상은 나를 해하고자 함이었더라 3내가 곧 그들에게 사자들을 보내어 이르기를 내가 이제
큰 역사를 하니 내려가지 못하겠노라 어찌하여 역사를 중지하게 하고 너희에게로 내려가겠느냐
하매 4그들이 네 번이나 이같이 내게 사람을 보내되 나는 꼭 같이 대답하였더니 5산발랏이 다섯
번째는 그 종자의 손에 봉하지 않은 편지를 들려 내게 보냈는데 6그 글에 이르기를 이방 중에도
소문이 있고 가스무도 말하기를 너와 유다 사람들이 모반하려 하여 성벽을 건축한다 하나니 네가
그 말과 같이 왕이 되려 하는도다 7또 네가 선지자를 세워 예루살렘에서 너를 들어 선전하기를 유
다에 왕이 있다 하게 하였으니 지금 이 말이 왕에게 들릴지라 그런즉 너는 이제 오라 함께 의논하
자 하였기로 8내가 사람을 보내어 그에게 이르기를 네가 말한 바 이런 일은 없는 일이요 네 마음
에서 지어낸 것이라 하였나니 9이는 그들이 다 우리를 두렵게 하고자 하여 말하기를 그들의 손이
피곤하여 역사를 중지하고 이루지 못하리라 함이라 이제 내 손을 힘있게 하옵소서 하였노라 10이
후에 므헤다벨의 손자 들라야의 아들 스마야가 두문불출 하기로 내가 그 집에 가니 그가 이르기
를 그들이 너를 죽이러 올 터이니 우리가 하나님의 전으로 가서 외소 안에 머물고 그 문을 닫자
저들이 반드시 밤에 와서 너를 죽이리라 하기로 11내가 이르기를 나 같은 자가 어찌 도망하며 나
같은 몸이면 누가 외소에 들어가서 생명을 보존하겠느냐 나는 들어가지 않겠노라 하고 12깨달은즉
그는 하나님께서 보내신 바가 아니라 도비야와 산발랏에게 뇌물을 받고 내게 이런 예언을 함이라
13그들이 뇌물을 준 까닭은 나를 두렵게 하고 이렇게 함으로 범죄하게 하고 악한 말을 지어 나를
비방하려 함이었느니라 14내 하나님이여 도비야와 산발랏과 여선지 노아댜와 그 남은 선지자들 곧
나를 두렵게 하고자 한 자들의 소행을 기억하옵소서 하였노라 15성벽 역사가 오십이 일 만인 엘룰
월 이십오일에 끝나매 16우리의 모든 대적과 주위에 있는 이방 족속들이 이를 듣고 다 두려워하여
크게 낙담하였으니 그들이 우리 하나님께서 이 역사를 이루신 것을 앎이니라

마음의 문을 열며

느헤미야는 단 하루도 마음 편한 날이 없었습니다. 끊임없이 안팎으로 시련과 도전이 찾아왔기 때문입니다. 외부에서는 적들이 공격해 오고 내부에서는 분열이 생겼으며 또한 갖가지 음모로 인해 괴롭힘을 당해야 했습니다. 이는 비단 느헤미야만의 일은 아닐 것입니다. 예수 믿는 사람이라면 누구나 마찬가지입니다. 우리들은 은혜를 받고 주님을 섬기다 보면 우리의 소원과 상관없이 영적 전쟁의 한가운데로 내몰리게 됩니다. 더군다나 우리가 매일매일 삶의 현장에서 맞닥뜨려야 할 대상은 사람이 아니라 영적 세력입니다.

느헤미야는 계속되는 모함과 음모에도 불구하고 백성들을 격려해 가며 공사를 진행하여 성벽을 쌓기 시작한 지 52일 만에 모든 공사를 마무리합니다. 이는 어떤 고난이나 위험이 엄습해도 굴하지 않고 맡겨진 사명을 감당한 결과요, 생업을 뒤로 한 채 성벽 재건에 헌신했던 백성들의 땀과 눈물에 대한 하나님의 보상이었습니다. 이 시간 각자가 처한 영적 전투에서 하나님이 주신 소명에 대해 확신을 갖고 기도함으로 하나님의 도우심을 믿으며 나아갑시다.

말씀의 씨를 뿌리며

1. 150년간 무너진 상태로 있던 예루살렘 성벽과 성문을 재건하는 공사도 이제 거의 마무리되어, 성문만 달면 되는 막바지 시점에 이르렀습니다(1절). 하지만 대적들은 또 다시 공격을 해오며 세 차례에 걸쳐 집요하게 느헤미야를 물고 늘어졌습니다. 이번 음모는 4장과 비교해 볼 때 어떤 차이가 있습니까?

• 2, 6–7, 10절 /

2. 먼저 첫 번째 공격은 사마리아 총독 산발랏을 중심으로 한 일당들의 교묘한 방해공작이었습니다. 산발랏과 게셈이 느헤미야를 만나려 했던 이유는 무엇입니까? 느헤미야는 그들의 거듭된 음모에 어떻게 대응했습니까?

• 2절 /

• 3–4절 /

3. 두 번째 공격은 느헤미야를 정치적 궁지로 몰아넣기 위한 중상모략과 음해였습니다. 산발랏은 평화 회담 제의가 네 번이나 무산되자, 다섯 번째에는 봉하지 않은 편지를 보내 왔습니다. 이 편지에 담긴 근거 없는 유언비어의 내용은 무엇입니까?(에스라 4:23 참조) 또한 느헤미야는 그들의 궤계를 어떻게 간파해 내고 있습니까?

• 5-7절 /

• 8-9a절 /

4. 세 번째 공격은 선지자 스마야를 통한 인간적인 유혹이었습니다. 만일 느헤미야가 자신의 생명을 보존하는 일에 급급하여 거짓 예언대로 행했다면 어떠한 문제가 야기되었을까요? 느헤미야는 어떠한 이유를 들어 이를 단호하게 물리치고 있습니까?(민수기 18:7 참조)

• 10-13절 /

5. 느헤미야는 대적의 음모를 꿰뚫어 볼 수 있는 지략과 지혜가 충만했기 때문에(8, 12절) 사탄의 최후 공격인 유혹을 이겨낼 수 있었습니다. 당신은 요즘 어떤 부분에서 성령이 주시는 지혜와 분별력을 절실히 필요로 하고 있습니까? 또한 이를 얻기 위해 어떠한 노력을 하고 있습니까?

6. 느헤미야는 위기의 순간마다 하나님을 신뢰하며 기도하기를 잊지 않았습니다(9, 14절). 그리고 52일 만에 예루살렘 성벽 완공이라는 감격스런 역사적 성취 앞에서도 하나님께 영광을 돌리고 있습니다(16절). 그는 누구보다도 큰 희생을 치렀지만 모든 일은 오로지 하나님이 행하신 일이라고 고백합니다. 당신은 어떻습니까? 일의 시작과 중간, 마무리에 이르기까지 얼마나 하나님께 집중하며 도우심을 구하고 있습니까? 또한 하나님의 도우심을 어떻게 경험하고 있습니까?

7. 느헤미야가 사탄의 갖은 공격에도 흔들리지 않고 하나님의 역사를 완수할 수 있었던 이유를 다음 글을 통해 확인해 보십시오.

사탄이 펴는 교묘한 방해 공작과 무서운 중상 모략을 이겨 낼 수 있는 유용한 해결책은 하나님께서 우리를 위대한 일로 부르셨다는 사실을 기억하는 것입니다. 느헤미야는 오직 하나님이 주신 사명만 생각했습니다. 그는 하나님께서 엄청난 역사를 계획하시고 자신에게 그 일을 위임하셨다는 소명을 확신했기에 어떤 역경이 찾아와도 포기하지 않을 수 있었습니다.

오스 기니스도 『소명』에서 이렇게 강조한 바 있습니다. "그리스도인의 소명은 하나님에 대한 긍정이요, 현대의 혼란스러운 요구에 대한 부정이다. 소명이야말로 우리 인생의 줄거리를 파악하는 열쇠이고, 혼란한 세상에서 수수께끼 같은 우리 존재의 의미를 풀어 내는 열쇠이다. 삶이 헝클어진 것처럼 느낀다면, 자신의 소명의식이 인생의 창고 속에 던져진 채 먼지 묻고 녹슬어 있지는 않는지 돌아봐야 할 것이다. 그리고 이제는 그 소명의식을 다시 끄집어 내어 닦고 또 닦아서 늘 왕래하는 문지방에, 침대의 머리맡에, 차의 핸들 위에 붙여 놓아야 할 것이다."

하나님의 사람들에게는 예외 없이 하나님이 주신 위대한 소명이 있습니다. 이것이 바로 그들의 삶을 앞으로 나아가게 하는 추진력입니다. 느헤미야는 사탄의 어떤 공격에도 흔들리지 않고 오직 소명만을 붙든 채 한걸음 한걸음 나아갔습니다. 그 결과 52일 만에 성벽 재건을 완성하는 영광을 맛보게 되었습니다. 과연 무엇이 이것을 가능하게 했을까요? 하나님의 영광을 위한 고도의 집중력이 그 해답일 것입니다. 우리는 인생의 모든 일에 있어 오랜 시간을 들여 노력했음에도 불구하고 번번이 주변의 부정적인 상황으로 인해 목적을 이루지 못할 때가 있습니다. 그럴 때 영적으로 집중하여 주님께 나아가 보십시오. 마음을 정하여 새벽기도를 하든지, 금식을 하든지 간에 무엇보다 중요한 것은 하나님께 온 마음을 다하여 집중하는 것입니다.

삶의 열매를 거두며

"고난(suffering)은 제자의 배지(badge)다"라는 본회퍼의 말처럼, 신실한 그리스도인들은 고난을 오히려 참된 제자의 흔적으로 여겨야 합니다. 우리가 본향에 갈 때까지 사탄의 유혹과 공격은 계속될 것이고, 우리에게 쏟아지는 근거 없는 비방 때문에 가슴앓이도 계속하게 될 것입니다. 그러나 소명에 대한 확신과 집중력 있는 기도가 뒷받침된다면 우리는 어떤 강풍에도 굴하지 않고 "오히려 이 풍랑 힘입어 더 빨리 갑니다"라고 찬양할 수 있습니다. 더 지체하지 말고 인생의 전쟁터에 최고의 전략가이신 하나님을 초대하십시오. 최후 승리를 얻기까지 주의 십자가 붙들고 힘 있게 영적 전쟁을 감당하십시오.

08. 사람은 무엇으로 변화하는가

느헤미야 8:1-7

1이스라엘 자손이 자기들의 성읍에 거주하였더니 일곱째 달에 이르러 모든 백성이 일제히 수
문 앞 광장에 모여 학사 에스라에게 여호와께서 이스라엘에게 명령하신 모세의 율법책을 가
져오기를 청하매 2일곱째 달 초하루에 제사장 에스라가 율법책을 가지고 회중 앞 곧 남자나
여자나 알아들을 만한 모든 사람 앞에 이르러 3수문 앞 광장에서 새벽부터 정오까지 남자나
여자나 알아들을 만한 모든 사람 앞에서 읽으매 뭇 백성이 그 율법책에 귀를 기울였는데 4그
때에 학사 에스라가 특별히 지은 나무 강단에 서고 그의 곁 오른쪽에 선 자는 맛디댜와 스마
와 아나야와 우리야와 힐기야와 마아세야요 그의 왼쪽에 선 자는 브다야와 미사엘과 말기야
와 하숨과 하스밧다나와 스가랴와 므술람이라 5에스라가 모든 백성 위에 서서 그들 목전에
책을 펴니 책을 펼 때에 모든 백성이 일어서니라 6에스라가 위대하신 하나님 여호와를 송축
하매 모든 백성이 손을 들고 아멘 아멘 하고 응답하고 몸을 굽혀 얼굴을 땅에 대고 여호와께
경배하니라 7예수아와 바니와 세레뱌와 야민과 악굽과 사브대와 호디야와 마아세야와 그리다
와 아사랴와 요사밧과 하난과 블라야와 레위 사람들은 백성이 제자리에 서 있는 동안 그들에
게 율법을 깨닫게 하였는데

마음의 문을 열며

수문 앞에서 민족 부흥이 일어난 7월 1일, 이날은 성경에 기록된 날들 중 가장 강력한 부흥의 날입니다. 성벽 재건과 백성에 대한 계수가 공동체 회복을 위한 외형적 측면의 노력이었다면, 백성을 향한 말씀 선포와 성회는 내적인 측면의 회복을 의미합니다. 예루살렘 성은 이제 외부의 침략에 대비해 든든한 방어벽을 구축했고, 예루살렘 도성 안에는 백성들이 골고루 정착하여 안정을 되찾았습니다. 그러나 이스라엘 백성들은 오랜 기간 동안 건축에만 매달린 탓에 정작 자신들의 영적인 필요를 채우는 데는 소홀했음을 깨닫게 되었습니다. 성벽과 성문은 재건되었지만 그들의 심령은 아직도 황폐한 상태였던 것입니다.

삶의 외형적인 조건들이 잘 갖추어졌다고 해서 반드시 삶이 행복해지는 것은 아닙니다. 이보다 더욱 중요한 것은 마음이며 영혼입니다. 그리고 이곳의 빈 공간을 채울 수 있는 것은 오직 하나님의 말씀밖에 없습니다. 이 시간 이후로 우리 모두 하나님의 말씀에 대한 경외심을 회복하여, 그 말씀이 우리의 영혼에 빛을 더하고 우리의 영혼을 소성케 하길 소원합니다.

말씀의 씨를 뿌리며

1. 이스라엘 백성들은 새로운 출발을 위한 외부적인 공사가 모두 마무리된 후 일곱째 달이 되자 일제히 수문 앞 광장에 모였습니다. 단순히 절기를 지키기 위해서가 아니었습니다. 수문 앞 광장에 모인 궁극적인 목적은 무엇입니까?

• 1절 /

2. 율법을 가르치고 낭독하는 일은 이스라엘 백성들의 삶에 있어서 매우 중요한 것이었습니다. 수문 앞 광장에서 벌어진 말씀 집회의 특징을 살펴보십시오.

• 참석 대상(1, 2절) /

• 집회 일시(2, 3절) /

• 경청 자세(3절) /

• 전달 방법(4, 7–8절) /

3. 수문 앞 광장에 모인 이스라엘 백성들은 얼마나 간절하게 말씀을 사모했는지 모릅니다. 그들은 다른 그 무엇보다도 율법책의 말씀을 듣길 원했습니다. 사실 하드웨어보다 더 중요한 것은 소프트웨어입니다. 세상의 다른 어떤 책들도 근원적으로 사람을 바꾸거나 영혼의 텅 빈 공간을 채워 주지 못합니다. 당신은 이 빈 공간을 어떻게 채우고 있습니까?

4. 한 사람이 진정으로 변화했는지 보려면 말씀에 대한 자세를 살펴보라는 말이 있습니다. 마찬가지로 한 교회의 영적 수준을 가늠하려면 그 교회의 성도들이 말씀에 대해 갖는 경외심과 존경심을 살펴보면 됩니다. 그렇다면 수문 앞 광장에 모인 이스라엘 백성들의 경우는 어느 정도로 지극했습니까?

• 5-6절 /

5. 하나님의 말씀이 낭독되자 모든 백성들이 한 사람도 예외 없이 말씀 앞에 일어서는 장면은(5절) 성경에서 가장 아름답고 감동적인 장면 중 하나입니다. 그리스도인의 삶에서 가장 아름다운 순간 역시 말씀 앞에 마음의 옷깃을 여미고, 영혼이 일어서서 하나님을 만날 때일 것입니다. 당신은 매주 예배를 통해서 어떠한 감격의 보고서를 하나님께 드리고 있습니까?

6. 오늘날 한국 교회는 다시 한 번 말씀에 대한 굶주림과 갈증을 회복해야 합니다. 한국 교회 곳곳마다 말씀을 듣고자 모인 인파가 인산인해를 이룬다면, 언젠가 통일문제도 하나님께서 해결해 주실 것입니다. 그러기 위해선 우리는 말씀을 통해 영적인 용량을 넓히고 강화하여 통일시대에 합당한 그릇이 되도록 준비해야 합니다. 우리가 함께 경험한 수문 앞 광장의 부흥회를 통해 생각 나는 것은 무엇입니까? 그 속에서 공통적으로 경험한 특징이라면 무엇을 들 수 있습니까?

7. 말씀을 깨우치자마자 말씀의 권위에 순복한 다음의 실화를 읽고 느낀 점을 이야기해 봅시다.

오늘날 어떤 사람이 말씀 앞에 설 수 있을까요? 바로 말씀대로 사는 사람입니다. 말씀을 읽고 영혼의 일깨움을 따르는 사람입니다.

다음 이야기는 우리나라에 복음이 처음 전래되던 당시 강화읍에 살던 김씨 부인의 이야기입니다. 일가친척 하나 없는 그분은 80세의 고령으로 종 하나만을 데리고 살았습니다. 그러던 어느 날 할머니에게도 성경이 건네졌지만, 글을 몰라서 성경을 읽을 수가 없었습니다. 그래서 한글을 깨우치기 위해 매일같이 공부한 결과 드디어 성경을 읽을 수 있게 되었습니다. 할머니는 말씀을 읽으면서 주인은 한 분뿐이며 모두 한 형제라는 사실을 발견했습니다.

어느 날 할머니는 교회 식구들과 자신의 종 복섬이를 불러놓고 마태복음 18장 15절에서 20절을 읽은 다음 종문서를 태웠습니다. 그리고 "이제부터 너를 내 종으로 알지 아니하고 딸로 아노라" 하고 선언했습니다. 이것이야말로 말씀 앞에 일어서는 사람의 참모습인 것입니다. 이처럼 말씀 앞에 영혼의 옷깃을 여미고 일어서는 사람이야말로 인생에서 가장 아름다운 순간을 사는 사람이라 할 수 있습니다.

삶의 열매를 거두며

좋은 교회는 하나님 말씀의 권위를 높이는 교회입니다. 성경 말씀이 하나님의 말씀이라고 정확하게 선포하는 교회입니다. 성경 말씀을 삶의 유일한 규범이요, 법칙으로 인정하는 교회입니다. 또한 성경 말씀으로 하나님과 인격적인 교제를 회복하는 교회입니다. 이러한 말씀의 권위가 살아 있을 때 우리 민족에게 소망이 있습니다. 다니엘, 바울, 손양원 목사님, 주기철 목사님 같은 분은 성경의 권위가 적용되는 삶을 살았기에 핍박은 물론 순교도 마다하지 않았습니다. 이제 당신 차례입니다. 어떤 삶의 모습으로 성경의 권위를 증명하겠습니까?

09. 말씀의 부흥을 갈망함

느헤미야 8:8-12

8하나님의 율법책을 낭독하고 그 뜻을 해석하여 백성에게 그 낭독하는 것을 다 깨닫게 하니
9백성이 율법의 말씀을 듣고 다 우는지라 총독 느헤미야와 제사장 겸 학사 에스라와 백성을
가르치는 레위 사람들이 모든 백성에게 이르기를 오늘은 너희 하나님 여호와의 성일이니 슬
퍼하지 말며 울지 말라 하고 10느헤미야가 또 그들에게 이르기를 너희는 가서 살진 것을 먹
고 단 것을 마시되 준비하지 못한 자에게는 나누어 주라 이 날은 우리 주의 성일이니 근심하
지 말라 여호와로 인하여 기뻐하는 것이 너희의 힘이니라 하고 11레위 사람들도 모든 백성을
정숙하게 하여 이르기를 오늘은 성일이니 마땅히 조용하고 근심하지 말라 하니 12모든 백성
이 곧 가서 먹고 마시며 나누어 주고 크게 즐거워하니 이는 그들이 그 읽어 들려 준 말을 밝
히 앎이라

마음의 문을 열며

지난 수천 년의 역사를 돌이켜보면, 시공을 초월하여 부흥의 역사가 일어날 때마다 다음 두 가지 특징이 공통적으로 나타났음을 알 수 있습니다. 하나는 하나님의 말씀이 올바로 선포되었다는 것이고 다른 하나는 그 말씀을 들은 사람들이 큰 도전을 받고 깨달음을 얻어 변화했다는 것입니다. 이렇듯 하나님의 말씀이 임하는 곳마다 사람들의 마음속에 거센 부흥의 불길이 타오르기 시작했습니다.

우리의 삶 속에 영적인 부흥이 일어나려면, 먼저 하나님의 말씀 속에서 허물 많은 우리 자신과 그것마저 품으시는 하나님을 발견해야 합니다. 그리고 그 둘 사이에 다리를 놓는 하나님의 사랑을 깨달아야 합니다. 그러면 형언할 수 없는 기쁨과 함께 순종의 제사를 드리고 싶은 강력한 에너지가 솟아나게 됩니다. 지금 우리의 삶 속에 하나님의 말씀이 끊임없이 선포되고 있습니까? 그 말씀이 끊임없이 깨달아지고 있습니까? 말씀을 향한 열정과 진지함과 사모함에 있어서라면 타의 추종을 불허할 만한 하나님의 사람이 되도록 합시다.

말씀의 씨를 뿌리며

1. 수문 앞 광장에서 열린 부흥회의 특징은 먼저 말씀을 깨닫는 것이었습니다(8, 12b절). 말씀은 선포되어야 할 뿐 아니라 그 뜻을 온전히 깨닫도록 해석되어야 합니다. 깨달음의 단계가 없이는 그 어떤 부흥도 일어나지 않기 때문입니다. 이스라엘 백성들이 말씀의 의미와 더불어 자신의 존재에 대해 깨달은 것은 무엇입니까?(로마서 3:20; 히브리서 4:12-13 참조)

2. 이스라엘 백성들은 새로 깨달은 율법의 참 의미를 통해 자신들의 적나라한 모습을 재발견하고 회개의 눈물을 터뜨렸습니다(9a절). 수년간 닫혀 있던 눈물샘이 터지기 시작한 것입니다. 구약성경에는 이스라엘 백성이 집단적으로 눈물을 흘린 것이 여러 번 기록되어 있는데, 특별히 아래의 장면과 구별되는 느헤미야 8장만이 지닌 차이점은 무엇입니까?

- 광야 생활 중 애굽의 고기맛을 잊지 못해 욺(민수기 11:10, 13)

- 가나안 땅에서 돌아온 두 정탐꾼의 보고를 들은 후 통곡(민수기 14:1)

- 이스라엘과 동족 베냐민 지파 간의 전쟁에서 욺(사사기 20:23, 26; 21:2-3)

• 포로 된 유대인들이 바벨론 강가에서 예루살렘을 기억하며 욺(시편 137:1)

3. 한 개인이 인생사에서 흘리는 눈물도 이스라엘 백성의 눈물과 크게 다르지 않습니다. 그러나 사실 우리들이 탐심과 원망의 눈물, 절망과 두려움의 눈물, 그리움과 비탄의 눈물, 참회와 자복의 눈물 외에 말씀 때문에 눈물을 흘리는 경우는 그리 많지 않습니다. 중요한 것은 하나님 앞에서 우리가 흘리는 눈물의 종류가 인생의 질을 결정할 수 있다는 것입니다. 당신이 흘리는 눈물은 어떤 종류입니까?

4. 진실한 눈물도 고귀한 것이지만 더 가치 있는 것은 하나님과 나누는 기쁨일 것입니다. 하나님께서 인간의 모든 허물에도 불구하고 약속하신 대로 용서와 자비를 베푸셨기에 우리에겐 충분히 기뻐할 이유가 있습니다. 느헤미야와 에스라는 율법의 말씀을 듣고 우는 백성들에게 무엇을 권했습니까?

• 9, 10b절 /

• 10a절 /

5. 10절에서 "여호와로 인하여 기뻐하는 것이 너희의 힘이니라"는 말씀을 묵상해 보십시오. 다른 데에 힘이 있지 않습니다. 하나님을 기뻐하는 것이 우리 삶의 견고한 터가 되며, 모든 생활에 힘을 공급하는 에너지원이 된다는 말씀입니다. 본문에 나타난 '힘'은 방파제란 의미를 가지고 있습니다. 하나님은 우리를 보호하고 인도하시는 힘이 되십니다. 당신은 이 말씀 앞에서 어떤 위로를 받습니까?

6. 수문 앞 광장에 모여든 사람들은 단순히 말씀을 듣고, 회개하고, 구원의 감격을 느끼며 즐거워하는 것으로 그치지 않았습니다. 그들은 들은 말씀을 깨달은 대로 즉각적으로 순종했고, 삶의 자리에서 기쁨을 유포하며 자연스럽게 나눔을 실천했습니다. 이러한 장면에서 말씀을 통한 진정한 부흥이 무엇인지 생각해 보십시오.(사도행전 4:32-35 참조)

• 12절 /

7. 다음 글을 읽고 느낀 점을 이야기해 봅시다.

"말씀을 먹는다"는 표현에는 단순한 수사적 표현이 아닌 깊은 의미가 담겨 있습니다. 인간에게는 오감이 있지만, 맛을 보는 미각은 나머지 감각들인 청각, 후각, 촉각, 시각과는 근본적으로 차이가 있기 때문입니다.

이어령 교수는 『디지로그』에서 "인간의 먹는 행위는 생리적인 욕구나 물질적인 경제 가치로만 설명할 수 없는 그 이상의 문화적 의미를 나타낸다"라고 말했습니다. 인간의 몸에 체화되는 것은 결국 먹는 행위를 통해서 미각을 느끼고 몸에 흡수되어야만 생생하게 남는다는 뜻입니다. 자기 앞에 놓인 정말 먹음직한 사과를 아무리 눈으로 보고, 손으로 만지고, 냄새를 맡는다 해도 그것이 자기 것이 될 수는 없다는 말입니다. 그 사과를 먹었을 때라야 비로소 내 것이 되고 내 몸으로 체화된다는 의미입니다.

이것이 단순히 수사적인 말이거나 교언(巧言)이 아님은 나환자촌에서 살았던 사람의 경험적 고백을 통해서도 알 수 있습니다. "나환자들에게 최후까지 남아 있는 감각이 있다면 그것은 미각, 즉 맛에 대한 쾌락이다. 손가락, 발가락이 떨어져 나가고 코와 귀와 입이 문드러져도 먹는 즐거움을 느낄 수 있는 미각만큼은 끝까지 살아남는다."

그러므로 우리가 말씀을 먹는다는 것은 단순히 말씀을 듣는다는 것과는 차원을 달리하는 내용을 담고 있는 것입니다. 이제 말씀을 보고 읽는 차원에서 맛을 보는 차원으로 올라서기를 바랍니다. 그래서 우리도 다윗처럼 말씀을 먹는 경지로 올라서서 날마다 송이꿀보다 더 단 것을 우리 영혼의 미각으로 느낄 수 있기를 소원합니다.

삶의 열매를 거두며

이스라엘 백성들이 진정으로 회복한 것은 그들 속에 말씀의 부흥이 일어나기 시작할 때였습니다. 우리도 오늘날 무너지고 균열된 우리의 삶을 회복하기 위해서 바로 그 출발점으로 돌아가야 합니다. 이스라엘 백성들이 예루살렘 수문 앞 광장에서 말씀을 통해 자신의 존재를 깨닫고, 말씀이 기쁨의 원천임을 확인하며, 말씀대로 순종했던 것처럼 우리 역시 말씀으로 돌아가야 합니다.

"내가 날이 밝기 전에 부르짖으며 주의 말씀을 바랐사오며 주의 말씀을 조용히 읊조리려고 내가 새벽녘에 눈을 떴나이다"(시편 119:147-148)라고 고백한 시편 기자처럼 말씀을 가까이하기 위한 계획을 구체적으로 적어 보십시오.

10. 순종의 초막절

느헤미야 8:13-18

13그 이튿날 뭇 백성의 족장들과 제사장들과 레위 사람들이 율법의 말씀을 밝히 알고자 하여
학사 에스라에게 모여서 14율법에 기록된 바를 본즉 여호와께서 모세를 통하여 명령하시기를
이스라엘 자손은 일곱째 달 절기에 초막에서 거할지니라 하였고 15또 일렀으되 모든 성읍과
예루살렘에 공포하여 이르기를 너희는 산에 가서 감람나무 가지와 들감람나무 가지와 화석류
나무 가지와 종려나무 가지와 기타 무성한 나무 가지를 가져다가 기록한 바를 따라 초막을
지으라 하라 한지라 16백성이 이에 나가서 나뭇가지를 가져다가 혹은 지붕 위에, 혹은 뜰 안
에, 혹은 하나님의 전 뜰에, 혹은 수문 광장에, 혹은 에브라임 문 광장에 초막을 짓되 17사로잡
혔다가 돌아온 회중이 다 초막을 짓고 그 안에서 거하니 눈의 아들 여호수아 때로부터 그 날
까지 이스라엘 자손이 이같이 행한 일이 없었으므로 이에 크게 기뻐하며 18에스라는 첫날부터
끝날까지 날마다 하나님의 율법책을 낭독하고 무리가 이레 동안 절기를 지키고 여덟째 날에
규례를 따라 성회를 열었느니라

마음의 문을 열며

초막절의 새로운 부활은 광야 생활 중에 도우시고 구원을 허락하셨던 하나님의 약속을 다시 기억하고 언약 백성으로 살아가겠다는 새로운 다짐에서 비롯됩니다. 또한 그것은 하나님 편에서 보면 이스라엘 백성들을 하나님의 백성들로서 거룩하게 구별하겠다는 표현이기도 합니다. 오늘 본문은 초막절 의식을 통하여 이스라엘 백성들의 상처받고 손상된 삶이 회복되는 모습을 아주 드라마틱하게 보여 주고 있습니다. 그들은 초막절 의식을 통해 그들이 품고 있던 '핵심 가치' 와 '소속감' 을 확인하고 이를 강화할 수 있었을 것입니다.

여기에서 특징적인 사실은 초막절을 지키게 된 배경에서 진행과정, 마무리에 이르기까지 그 중심에 모세의 율법, 곧 하나님의 말씀이 자리잡고 있다는 점입니다. 그러나 더욱 중요한 것은 이에 그치지 않고 계속해서 말씀을 묵상하고 말씀과 동행하며 말씀에 순종하는 삶을 살아야 한다는 것입니다. 또한 초막절의 은혜를 알고 이를 기념하길 소원하는 우리 역시 그러한 삶에서 결코 예외가 아님을 명심해야 할 것입니다.

말씀의 씨를 뿌리며

1. 이스라엘 백성들이 말씀을 어찌나 사모했던지 6시간의 말씀 선포도 부족하다고 느꼈습니다. 다음날에는 영적 지도자들이 더 자세한 가르침을 받기 위해 에스라를 찾아왔습니다(13절). 그날 율법책에는 어떤 내용이 기록되어 있었습니까?

• 14-15절 /

2. 이제 이스라엘 백성들은 하나님께서 모세에게 말씀하신 초막절을 규례대로 지키게 됩니다. 하나님이 이스라엘 백성들에게 초막절 의식을 요구하신 중요한 의미는 무엇입니까?

• 레위기 23:39-43 /

3. 적어도 초막절을 지키는 이 한 주간만큼은 빈부귀천, 지위고하를 막론하고 동일한 초막에서 지내고, 동일한 음식을 먹으며, 동일한 말씀을 듣고, 동일한 기쁨을 나누면서 서로 동일한 정체성을 가진 언약공동체임을 확인하게 되었을 것입니다. 모든 백성들이 일제히 나뭇가지를 가져다 초막을 짓는 장관을 상상해 보십시오. 그 속에서 어떠한 기쁨과 감흥이 있었으리라고 생각합니까?

• 16-17a절 /

4. 이스라엘 백성들은 가나안 땅에 들어가서는 물론이고 그 이후에도, 특히 최초의 귀환 직후에도 초막절을 지켰습니다(사사기 21:19; 열왕기하 23:22; 역대하 30:26, 35:18; 에스라 3:4). 그럼에도 17절에서 "이같이 행한 일이 없었다"고 말하는 이유는 무엇입니까?

5. 초막절에는 하나님께서 이스라엘 백성들에게 원하시는 삶의 모습이 담겨 있습니다. 이스라엘 백성들이 초막절을 지키라는 말씀에 순종할 때 얻게 된 것은 무엇입니까?

- 17절 /

- 고린도후서 5:1; 히브리서 11:13 /

6. 순례자로서 좀 더 역동적으로 살아가기 위해서는 두 가지 태도가 필요합니다. 하나는 하나님이 인도해 주신 과거를 기억하는 것이고, 다른 하나는 하나님이 허락하실 미래를 기대하는 것입니다. 당신은 이 두 가지에 대해 어떠한 그림을 갖고 있습니까? 또한 과거의 광야생활을 기억하면서 현재와 미래의 인생길에 기쁨과 감사의 기념비를 세우고 싶은 당신의 초막절은 어떤 날입니까?

7. 다음 글을 읽고 느낀 점을 이야기해 봅시다.

C. S. 루이스는 우리가 순례자의 인생길을 걸어가기 위해 명심해야 할 것에 대해 이렇게 말했습니다. "우리의 친절하신 하늘의 하나님 아버지께서는 우리가 이 땅에서 여행하는 동안 묵을 멋진 여관을 많이 준비해 놓으셨다. 하지만 우리가 그 멋진 여관을 영원한 집으로 착각하지 않도록 세심한 주의를 기울이신다." 그래서 하나님은 우리에게 가끔 고난을 주셔서 경계를 삼게 하십니다. 우리로 하여금 이 땅에서 순례자로 살아간다는 사실을 잊지 않도록 말입니다.

우리의 시민권은 천국에 있지만, 이 땅에 발을 딛고 있는 한 이 땅의 시민으로도 살아가야 합니다. 필립 얀시는 『내 눈이 주의 영광을 보네』에서 그리스도인이 이 땅에서 갖는 미묘한 위치에 대해 잘 표현하고 있습니다. "나는 나 자신을 물질계와 영적 세계, 서로 다른 두 환경에서 살아가는 양서류로 생각한 적이 있다. 물질계에서 나는 굳이 생각하지 않아도 숨을 쉰다. 반면, 영적 세계의 호흡인 기도(祈禱)는 애써 마음을 다잡고 하지 않으면 안 된다."

얀시는 천국 시민권을 가지고 이 땅을 살아가는 그리스도인의 처지를 두 세계를 사는 양서류에 비유하고 있습니다. 따라서 그리스도인이 하늘의 세계와 땅의 세계를 동시에 살아가는 데 있어서 가장 중요한 것은 두 세계를 보는 눈과 두 세계를 살아가는 능력입니다. 한쪽으로 치우치는 순간 삶은 기형이 되고 빈곤해지기 때문입니다.

삶의 열매를 거두며

8장 전체를 보며 실로 놀라움을 금치 않을 수 없습니다. 그들은 하나님의 말씀에 지적인 반응을 보였고(1-8절), 이어서 감정적인 반응을 보였으며(9-12절), 끝으로 의지적인 반응을 보였습니다(13-18절). 마찬가지로 우리 역시 입술로 말씀을 낭독하고, 머리로 말씀을 깨달으며, 마음으로 말씀을 묵상하고, 의지적으로 말씀에 순종해야 할 것입니다. 당신의 인생 초막은 이런 부분에서 균형 있게 지어지고 있습니까? 에벤에셀의 능력, 임마누엘의 은혜, 여호와 이레의 복이 가득한 초막이 되기 위해 무엇을 더 갖춰야겠습니까?

11. 우리를 지으신 하나님께 무릎을 꿇자

느헤미야 9:1-36

[1]그 달 스무나흗 날에 이스라엘 자손이 다 모여 금식하며 굵은 베 옷을 입고 티끌을 무릅쓰며
[2]모든 이방 사람들과 절교하고 서서 자기의 죄와 조상들의 허물을 자복하고 [3]이 날에 낮 사분의
일은 그 제자리에 서서 그들의 하나님 여호와의 율법책을 낭독하고 낮 사분의 일은 죄를 자복하
며 그들의 하나님 여호와께 경배하는데 [4]레위 사람 예수아와 바니와 갓미엘과 스바냐와 분니와
세레뱌와 바니와 그나니는 단에 올라서서 큰 소리로 그들의 하나님 여호와께 부르짖고 [5]또 레위
사람 예수아와 갓미엘과 바니와 하삽느야와 세레뱌와 호디야와 스바냐와 브다히야는 이르기를
너희 무리는 마땅히 일어나 영원부터 영원까지 계신 너희 하나님 여호와를 송축할지어다 주여
주의 영화로운 이름을 송축하올 것은 주의 이름이 존귀하여 모든 송축이나 찬양에서 뛰어남이니
이다 [6]오직 주는 여호와시라 하늘과 하늘들의 하늘과 일월 성신과 땅과 땅 위의 만물과 바다와
그 가운데 모든 것을 지으시고 다 보존하시오니 모든 천군이 주께 경배하나이다 [7]주는 하나님
여호와시라 옛적에 아브람을 택하시고 갈대아 우르에서 인도하여 내시고 아브라함이라는 이름
을 주시고 [8]그의 마음이 주 앞에서 충성됨을 보시고 그와 더불어 언약을 세우사 가나안 족속과
헷 족속과 아모리 족속과 브리스 족속과 여부스 족속과 기르가스 족속의 땅을 그의 씨에게 주리
라 하시더니 그 말씀대로 이루셨사오매 주는 의로우심이로소이다 [9]주께서 우리 조상들이 애굽
에서 고난 받는 것을 감찰하시며 홍해에서 그들의 부르짖음을 들으시고 [10]이적과 기사를 베푸사
바로와 그의 모든 신하와 그의 나라 온 백성을 치셨사오니 이는 그들이 우리의 조상들에게 교만
하게 행함을 아셨음이라 주께서 오늘과 같이 명예를 얻으셨나이다 [11]또 주께서 우리 조상들 앞
에서 바다를 갈라지게 하사 그들이 바다 가운데를 육지 같이 통과하게 하시고 쫓아오는 자들을
돌을 큰 물에 던짐 같이 깊은 물에 던지시고 [12]낮에는 구름 기둥으로 인도하시고 밤에는 불 기둥
으로 그들이 행할 길을 그들에게 비추셨사오며 [13]또 시내 산에 강림하시고 하늘에서부터 그들과
말씀하사 정직한 규례와 진정한 율법과 선한 율례와 계명을 그들에게 주시고 [14]거룩한 안식일을
그들에게 알리시며 주의 종 모세를 통하여 계명과 율례와 율법을 그들에게 명령하시고 [15]그들의
굶주림 때문에 그들에게 양식을 주시며 그들의 목마름 때문에 그들에게 반석에서 물을 내시고
또 주께서 옛적에 손을 들어 맹세하시고 주겠다고 하신 땅을 들어가서 차지하라 말씀하셨사오나
[16]그들과 우리 조상들이 교만하고 목을 굳게 하여 주의 명령을 듣지 아니하고 [17]거역하며 주께서
그들 가운데에서 행하신 기사를 기억하지 아니하고 목을 굳게 하며 패역하여 스스로 한 우두머

리를 세우고 종 되었던 땅으로 돌아가고자 하였나이다 그러나 주께서는 용서하시는 하나님이시
라 은혜로우시며 긍휼히 여기시며 더디 노하시며 인자가 풍부하시므로 그들을 버리지 아니하셨
나이다 18또 그들이 자기들을 위하여 송아지를 부어 만들고 이르기를 이는 곧 너희를 인도하여
애굽에서 나오게 한 신이라 하여 하나님을 크게 모독하였사오나 19주께서는 주의 크신 긍휼로
그들을 광야에 버리지 아니하시고 낮에는 구름 기둥이 그들에게서 떠나지 아니하고 길을 인도하
며 밤에는 불 기둥이 그들이 갈 길을 비추게 하셨사오며 20또 주의 선한 영을 주사 그들을 가르
치시며 주의 만나가 그들의 입에서 끊어지지 않게 하시고 그들의 목마름을 인하여 그들에게 물
을 주어 21사십 년 동안 들에서 기르시되 부족함이 없게 하시므로 그 옷이 해어지지 아니하였고
발이 부르트지 아니하였사오며 22또 나라들과 족속들을 그들에게 각각 나누어 주시매 그들이 시
혼의 땅 곧 헤스본 왕의 땅과 바산 왕 옥의 땅을 차지하였나이다 23주께서 그들의 자손을 하늘
의 별같이 많게 하시고 전에 그들의 열조에게 들어가서 차지하라고 말씀하신 땅으로 인도하여
이르게 하셨으므로 24그 자손이 들어가서 땅을 차지하되 주께서 그 땅 가나안 주민들이 그들 앞
에 복종하게 하실 때에 가나안 사람들과 그들의 왕들과 본토 여러 족속들을 그들의 손에 넘겨
임의로 행하게 하시매 25그들이 견고한 성읍들과 기름진 땅을 점령하고 모든 아름다운 물건이
가득한 집과 판 우물과 포도원과 감람원과 허다한 과목을 차지하여 배불리 먹어 살찌고 주의 큰
복을 즐겼사오나 26그들은 순종하지 아니하고 주를 거역하며 주의 율법을 등지고 주께로 돌아오
기를 권면하는 선지자들을 죽여 주를 심히 모독하였나이다 27그러므로 주께서 그들을 대적의 손
에 넘기사 그들이 곤고를 당하게 하시매 그들이 환난을 당하여 주께 부르짖을 때에 주께서 하늘
에서 들으시고 주의 크신 긍휼로 그들에게 구원자들을 주어 그들을 대적의 손에서 구원하셨거늘
28그들이 평강을 얻은 후에 다시 주 앞에서 악을 행하므로 주께서 그들을 원수들의 손에 버려
두사 원수들에게 지배를 당하게 하시다가 그들이 돌이켜 주께 부르짖으매 주께서 하늘에서 들으
시고 여러 번 주의 긍휼로 건져내시고 29다시 주의 율법을 복종하게 하시려고 그들에게 경계하
셨으나 그들이 교만하여 사람이 준행하면 그 가운데에서 삶을 얻는 주의 계명을 듣지 아니하며
주의 규례를 범하여 고집하는 어깨를 내밀며 목을 굳게 하여 듣지 아니하였나이다 30그러나 주
께서 그들을 여러 해 동안 참으시고 또 주의 선지자들을 통하여 주의 영으로 그들을 경계하시되
그들이 듣지 아니하므로 열방 사람들의 손에 넘기시고도 31주의 크신 긍휼로 그들을 아주 멸하
지 아니하시며 버리지도 아니하셨사오니 주는 은혜로우시고 불쌍히 여기시는 하나님이심이니이
다 32우리 하나님이여 광대하시고 능하시고 두려우시며 언약과 인자하심을 지키시는 하나님이
여 우리와 우리 왕들과 방백들과 제사장들과 선지자들과 조상들과 주의 모든 백성이 앗수르 왕
들의 때로부터 오늘까지 당한 모든 환난을 이제 작게 여기지 마옵소서 33그러나 우리가 당한 모
든 일에 주는 공의로우시니 우리는 악을 행하였사오나 주께서는 진실하게 행하셨음이니이다 34
우리 왕들과 방백들과 제사장들과 조상들이 주의 율법을 지키지 아니하며 주의 명령과 주께서
그들에게 경계하신 말씀을 순종하지 아니하고 35그들이 그 나라와 주께서 그들에게 베푸신 큰
복과 자기 앞에 주신 넓고 기름진 땅을 누리면서도 주를 섬기지 아니하며 악행을 그치지 아니하
였으므로 36우리가 오늘날 종이 되었는데 곧 주께서 우리 조상들에게 주사 그것의 열매를 먹고
그것의 아름다운 소산을 누리게 하신 땅에서 우리가 종이 되었나이다

마음의 문을 열며

성경에는 많은 기도문이 나오는데 그 중에서 가장 긴 기도가 느헤미야서 9장입니다. 이 기도는 8장의 수문 앞 광장에서 선포된 말씀의 결과로, 우리를 지으신 하나님께 기도의 무릎을 꿇는 것이 핵심입니다. 또한 이 기도는 하나님이 언약의 주제로 표현된 구약신학의 축소판이기도 합니다. 구절마다 이스라엘 전 역사를 통해 언약에 충실하신 하나님의 변함 없는 은총과, 언약을 거역하는 이스라엘의 불성실이 극명한 대조를 이루고 있습니다.

말씀 앞에 자신들의 굽어진 삶을 돌아보기 시작한 백성들은 여기서 그치지 않고 거룩한 공동체성을 회복하기 위해 하나님 앞에 무릎을 꿇습니다. 다시 말해 온 이스라엘 백성들이 역사의 흥망성쇠를 조명하면서 나라와 민족의 죄를 자신의 죄로 동일시하며 회개하는 것입니다. 이 시간 우리도 수문 앞 광장에 나아가 나라와 민족의 죄악을 나의 책임으로 끌어안고 기도할 때, 그 기도제목이 핀 숯에 대인 바 되어 이 나라의 악이 제하여지고 이 민족의 죄가 사하여지는 은혜를 입길 간절히 소원합니다.

말씀의 씨를 뿌리며

1. 조금 전까지만 해도 예루살렘에는 기쁨의 강물이 넘쳐흘렀습니다. 그런데 갑자기 분위기가 잔칫집에서 초상집으로 급반전됩니다. 수문 앞 광장에서 받은 말씀을 통해 이스라엘 백성들의 영혼이 구석구석 씻기자 어떠한 일이 벌어졌습니까?

• 1-3절 /

2. 참된 영적부흥운동의 특징은 하나님의 말씀 선포와 함께 죄에 대한 회개의 기도입니다. 그런 점에서 본 장의 기도는 자신의 죄뿐 아니라 열조의 죄를 회개하면서 '자복'과 '송축'을 두 축으로 하고 있습니다. 먼저 창조를 시작으로 아브라함을 부르심, 출애굽과 홍해사건, 광야생활에 이르기까지 이스라엘 민족의 역사를 재진술하고 있는데, 여기에 나타난 구체적인 찬양의 제목들을 살펴보십시오.

• 6절 /

• 7-8절 /

• 9-12절 /

• 13-15절 /

3. 시대마다, 위기의 때마다 이스라엘 백성들에게 기적 같은 은혜를 베푸시고, 영육간에 필요를 채워 주신 하나님이 오늘 당신의 하나님이심을 믿습니까? 당신을 택하시고 당신의 삶의 여정을 인도해 주신 하나님의 역사를 새롭게 조명해 보십시오. 인생의 골짜기마다 어떠한 찬양의 제목들이 새겨져 있습니까?

4. 두 번째로 이스라엘 백성들의 자복의 기도를 살펴보십시오. 그들은 지난 반역의 역사를 돌아보면서 통회하고 회개합니다. 아울러 각각의 시대마다 이스라엘의 배역과 하나님의 은혜가 어떻게 교차되고 있는지도 살펴보십시오.

- 광야 시대(16-21절) /

- 가나안 시대(22-25절) /

- 사사 · 열왕 시대(26-28절) /

- 포로 시대(29-31절) /

5. 우리가 이스라엘의 역사에서 보는 것은 반복되는 죄의 악습입니다. 우리 역시 조금만 기회가 주어지면 옛 습성으로 돌아가려는 속성이 있습니다. 한마디로 악의 중력에서 벗어나지 못하는 것입니다. 그동안 우리들에게 베푸신 하나님의 은혜와 축복을 다시 한 번 돌아보십시오. 이를 저버리지 않기 위해 지켜야 할 믿음의 금도(禁道)는 무엇입니까? 반대로 털어 버려야 할 옛 습관은 무엇입니까?

6. 특별히 32절을 기점으로, 그 전까지는 '그들', '열조', '조상'이라는 3인칭을 주로 사용했는데, 그 후로는 '우리 하나님', '우리와 우리 왕들', '우리가 당한 모든 일', '우리가 악을 행하였사오나' 등 '우리'라는 말을 반복하고 있습니다. 곧 민족의 죄를 자신의 죄로 동일시하여 표현하고 있는 것입니다. 마찬가지로 오늘날 우리 민족의 죄를 내 죄로 고백하며 하나님께 용서를 구해야 할 죄는 무엇입니까? 민족 공동체가 운명 공동체라는 사실을 절감하면서 살아 계신 하나님 앞에 아뢰어야 할 우리 민족의 고난과 어려움은 무엇입니까?

7. 다음 글을 읽고 느낀 점을 이야기해 봅시다.

우리 민족은 하나님의 크신 손의 도움으로 구원받았습니다. 우리나라 역사는 우리 민족 혼자서 담당해 온 역사가 아닙니다. 특히 지난 120여 년 동안 한국 민족의 역사는 하나님이 분명하게 개입하신 구원의 역사였습니다.

이와 관련하여 함석헌 선생이 쓴 『뜻으로 본 한국 역사』를 보면 8·15 해방이 하나님의 전적인 도우심으로 가능했다고 주장하는데, 그 내용은 다음과 같습니다.

"일본의 지배로부터 해방은 도둑같이 뜻밖에 왔다. 해방이 이렇게 도적같이 올 줄 아무도 모른 것은, 아무도 꾸민 사람이 없기 때문이다. 아무도 이에 대하여 공로를 주장할 만큼 중간적인 역할을 한 자가 없다. 이 해방은 어느 인물이 힘써서 된 것도 아니요, 어느 파가 투쟁을 해서 된 것도 아니다. 왜 갑자기 하늘에서 떨어졌을까? 그 까닭 중 하나는 민중의 마음이 하나님에게로 향하기 위해서다. 이 해방은 민족주의자가 한 것도 아니요, 공산주의자가 한 것도 아니요, 전체주의자가 한 것도 아니요, 무정부주의자가 한 것도 아니다. 하나님께서 뜻이 있으셔서 우리에게 값없이 생명의 길을 열어 주셨다. 그 감사의 일념은 모든 역사적 대차관계를 일소해 버리기에 족하고, 모든 현실의 인과관계에 얽힌 것들을 끊어 놓기에 충분하다. 낡은 시대의 열패자를 갑자기 새 시대의 주인으로 만드는 것은 오직 한 가지 이 생각이다. 감사한다는 것은 하나님께로 돌아가는 마음이다. 역사의 의미를 깨닫는 마음이다."

오늘날 한국 사회에 존재하는 모든 갈등 구조를 해결할 수 있는 한 가지 길은 어떤 사상이나 이념이 아니라, 하나님이 우리 역사를 이끌어 주셨다고 고백하는 것입니다. 우리 민족이 여기까지 올 수 있었던 것은 궁극적으로 하나님의 손길이었다고 고백할 때 자학적 역사관에서 벗어나 구원사적 역사관으로 우리 민족을 새로이 바라볼 수 있습니다. 바로 이스라엘 민족처럼 말입니다.

삶의 열매를 거두며

9장을 통해 우리가 기억해야 할 중요한 진리가 있습니다. 하나님은 우리의 반역과 범죄함에도 오래 참으시고, 우리를 지극히 사랑하시며, 우리가 회개하고 돌아오기를 기다리신다는 사실입니다(베드로후서 3:9). 이것이 복음입니다. 우리는 천국 가는 그날까지 하나님의 자비로 용서받지 않으면 한날 한시도 살 수 없는 존재입니다. 지금까지 나눈 내용을 기초로 해서 이제 자신과 민족의 죄를 하나님께 자복하고 하나님의 자비를 구하는 기도를 통성으로 드리십시오.

12. 새로운 서약

느헤미야 9:38-10:39

38우리가 이 모든 일로 말미암아 이제 견고한 언약을 세워 기록하고 우리의 방백들과 레위 사
람들과 제사장들이 다 인봉하나이다 하였느니라 1그 인봉한 자는 하가랴의 아들 총독 느헤미
야와 시드기야, 2스라야, 아사랴, 예레미야, 3바스훌, 아마랴, 말기야, 4핫두스, 스바냐, 말룩, 5
하림, 므레못, 오바댜, 6다니엘, 긴느돈, 바룩, 7므술람, 아비야, 미야민, 8마아시야, 빌개, 스마
야이니 이는 제사장들이요 9또 레위 사람 곧 아사냐의 아들 예수아, 헤나닷의 자손 중 빈누이,
갓미엘과 10그의 형제 스바냐, 호디야, 그리다, 블라야, 하난, 11미가, 르홉, 하사뱌, 12삭굴, 세레
뱌, 스바냐, 13호디야, 바니, 브니누요 14또 백성의 우두머리들 곧 바로스, 바핫모압, 엘람, 삿두,
바니, 15분니, 아스갓, 베배, 16아도니야, 비그왜, 아딘, 17아델, 히스기야, 앗술, 18호디야, 하숨,
베새, 19하립, 아나돗, 노배, 20막비아스, 므술람, 헤실, 21므세사벨, 사독, 얏두아, 22블라댜, 하
난, 아나야, 23호세아, 하나냐, 핫숩, 24할르헤스, 빌하, 소벡, 25르훔, 하삽나, 마아세야, 26아히
야, 하난, 아난, 27말룩, 하림, 바아나이니라 28그 남은 백성과 제사장들과 레위 사람들과 문지
기들과 노래하는 자들과 느디님 사람들과 및 이방 사람과 절교하고 하나님의 율법을 준행하
는 모든 자와 그들의 아내와 그들의 자녀들 곧 지식과 총명이 있는 자들은 29다 그들의 형제
귀족들을 따라 저주로 맹세하기를 우리가 하나님의 종 모세를 통하여 주신 하나님의 율법을
따라 우리 주 여호와의 모든 계명과 규례와 율례를 지켜 행하여 30우리의 딸들을 이 땅 백성
에게 주지 아니하고 우리의 아들들을 위하여 그들의 딸들을 데려오지 아니하며 31혹시 이 땅
백성이 안식일에 물품이나 온갖 곡물을 가져다가 팔려고 할지라도 우리가 안식일이나 성일
에는 그들에게서 사지 않겠고 일곱째 해마다 땅을 쉬게 하고 모든 빚을 탕감하리라 하였고
32우리가 또 스스로 규례를 정하기를 해마다 각기 세겔의 삼분의 일을 수납하여 하나님의 전
을 위하여 쓰게 하되 33곧 진설병과 항상 드리는 소제와 항상 드리는 번제와 안식일과 초하
루와 정한 절기에 쓸 것과 성물과 이스라엘을 위하는 속죄제와 우리 하나님의 전의 모든 일
을 위하여 쓰게 하였고 34또 우리 제사장들과 레위 사람들과 백성들이 제비 뽑아 각기 종족
대로 해마다 정한 시기에 나무를 우리 하나님의 전에 바쳐 율법에 기록한 대로 우리 하나님

여호와의 제단에 사르게 하였고 [35]해마다 우리 토지 소산의 맏물과 각종 과목의 첫 열매를
여호와의 전에 드리기로 하였고 [36]또 우리의 맏아들들과 가축의 처음 난 것과 소와 양의 처
음 난 것을 율법에 기록된 대로 우리 하나님의 전으로 가져다가 우리 하나님의 전에서 섬기
는 제사장들에게 주고 [37]또 처음 익은 밀의 가루와 거제물과 각종 과목의 열매와 새 포도주
와 기름을 제사장들에게로 가져다가 우리 하나님의 전의 여러 방에 두고 또 우리 산물의 십
일조를 레위 사람들에게 주리라 하였나니 이 레위 사람들은 우리의 모든 성읍에서 산물의 십
일조를 받는 자임이며 [38]레위 사람들이 십일조를 받을 때에는 아론의 자손 제사장 한 사람이
함께 있을 것이요 레위 사람들은 그 십일조의 십분의 일을 가져다가 우리 하나님의 전 곳간
의 여러 방에 두되 [39]곧 이스라엘 자손과 레위 자손이 거제로 드린 곡식과 새 포도주와 기름
을 가져다가 성소의 그릇들을 두는 골방 곧 섬기는 제사장들과 문지기들과 노래하는 자들이
있는 골방에 둘 것이라 그리하여 우리가 우리 하나님의 전을 버려 두지 아니하리라

마음의 문을 열며

성벽 재건 후 고조되어 온 신앙부흥운동은 온 이스라엘이 하나님 앞에 언약하고, 백성의 대표자들이 그 언약에 인을 침으로 절정에 이르게 됩니다. 11장부터는 사회개혁 및 재정착사업에 대한 구체적인 내용이 전개되는데, 이에 앞서 먼저 백성들의 신앙 상태를 재정비하는 것이야말로 매우 중요한 부분이라고 할 수 있습니다. 이를 통해 그 당시 백성들이 어기고 있었던 율법의 기본 규정들이 재확인됨과 동시에 그들의 새로운 각오가 생생하게 기록되어 있습니다. 그들에게 있어서 새 언약은 무너진 율례와 주의 법도를 새롭게 함으로 새로운 삶을 구축하는 것이었습니다. 이것은 분명 말씀을 통한 삶의 혁명이었습니다.

마찬가지로 우리 인생에도 새로운 삶의 혁명이 필요합니다. 외적 공격이나 내면의 악습, 또는 잘못된 태도 등 그 원인이 무엇이든 간에 갈라진 관계, 무너진 인생 같은 부서진 삶의 방벽을 복구해야 합니다. 그러기 위해서는 찬양과 자복만으론 안 됩니다. 다시 한 번 견고하고 결연한 언약을 세워서 버전 업(version-up)된 삶을 향해 새롭게 출발하는 은혜가 있길 바랍니다.

말씀의 씨를 뿌리며

1. 성벽 재건 후 시작된 백성들의 회개 운동은 하나님과 새 언약을 세우면서 그 절정을 이룹니다. 어떤 사람들이 서약에 참여했으며, 이 서약이 가지는 의미는 무엇입니까?

- 9:38-10:29 /

2. 신앙의 고백은 삶의 양식과 실천에서 실제적이고 눈에 보이는 변화로 연결되어야 합니다. 이를 위해 이스라엘 백성들이 하나님 앞에서 합당한 삶을 살겠다고 결단하고 다짐한 내용은 구체적으로 무엇입니까?

- 통혼 금지(30절) /

- 안식일, 안식년 준수(31절) /

- 성전 활동 지원(32-36절) /

- 십일조(37-38절) /

3. 사실 이런 다짐과 각오는 스스로 규제하는 행동 규범이자 거룩한 족쇄이기도 합니다. 그러나 하나님이 주신 은혜를 삶에서 지켜나갈 수 있도록 자발적으로 재갈 물리는 삶이야말로 진정 아름다운 삶일 것입니다. 당신에게 베풀어주신 하나님의 사랑과 은혜는 무엇입니까? 이에 대한 감사의 응답으로 오늘 내가 하나님께 드릴 신앙적 결단은 무엇이고, 순종과 헌신의 서약은 무엇입니까?

4. 사실 이스라엘 백성들의 서약 내용은 지극히 당연한 것처럼 보이지만(32-38절), 그들이 처한 형편과 상황을 이해한다면 이 약속이 얼마나 큰 결심을 요구하는지 알 수 있습니다(5:1-5). 그것도 한 가지가 아닌 '또'로 연결되는 여러 가지 사항에 대한 소유권 이전등기를 보면서 어떤 교훈을 얻게 됩니까?

5. 아무리 굳은 신앙의 맹세라 해도 개인의 이해관계와 공공의 손익계산에 따라 이를 변역하는 것이 인간의 속성입니다. 이미 거론된 문제들이 또 다시 서약에 포함되어 있는 것을 볼 때 무엇을 느끼게 됩니까?

- 30절(참조, 에스라 9–10장) /
- 31b절(참조, 5:11–12) /

6. 앞서 이스라엘 백성의 서약 내용을 통해 신앙적인 열심과 실천 사이의 허와 실을 볼 수 있었습니다. 3번에서 당신이 하나님께 드린 서약의 내용들을 다시 한 번 살펴보십시오. 이것이 또 하나의 결단에 그치지 않고 하나님께 영원히 기억될 진실한 결단이 되기 위해 어떤 부분을 더 보강하거나 유념해야 합니까?

7. 다음 글을 읽고 느낀 점을 이야기해 봅시다.

약속이 의미를 가지기 위해서는 지켜져야 합니다. 약속의 소중한 의미를 아는 사람들은 그것을 위해 목숨도 내어놓습니다. 2004년 5월 18일 계명대 에베레스트 원정대의 박무택 대장과 장민 대원이 정상에 오른 후 하산하다가 8,750미터 지점에서 마지막 통신을 끝으로 조난당하여 죽음을 맞는 비극이 발생했습니다.

그로부터 1년 후인 2005년, 등반 역사상 최초로 결성된 휴먼 원정대가 이들의 시신을 수습하기 위해 에베레스트로 떠나게 되었습니다. 이 일은 등반보다도 더 힘든 일일 뿐 아니라 목숨을 담보로 해야 했습니다. 이런 위험한 모험을 왜 엄홍길 원정대원은 강행했을까요?

『엄홍길의 약속』이라는 책을 보면 그 답이 나와 있습니다. 그것은 엄홍길이 박무택에게 했던 "넌 해낼 수 있어. 내가 널 돌봐줄게"라는 단 두 마디의 약속 때문이었습니다. 박무택이 선배였던 엄홍길에게 산악인으로서의 진로에 대한 고민을 털어 놓았을 때, 산악인으로서의 박무택의 자질과 됨됨이를 알고 있던 엄홍길은 그런 말을 해주었던 것입니다. 책에는 이렇게 쓰여 있습니다. "'넌 해낼 수 있어. 내가 돌봐줄게.' 이 말이 전부다. 공식석상에서 기자회견을 한 것도 아니고, 변호사 사무실에서 공증을 받은 것도 아니다. 하지만 그것은 사선을 함께 넘어온 산사나이들끼리의 약속이다." 산악인 엄홍길은 자신이 했던 약속을 지키기 위해서 하나뿐인 목숨을 걸었습니다. 그는 그가 한 약속에 자신의 생명 이상의 가치와 무게를 부여했던 것입니다.

세상 사람들 간에도 자신이 한 약속을 천금처럼 생각하고 그것을 위해서 목숨을 거는 삶을 산다면, 하나님 앞에서 일생을 새롭게 살겠다는 각오와 서약은 어떤 의미를 가지며 또 어떻게 실천해야 하는지 매우 자명해집니다.

삶의 열매를 거두며

앞에서 우리는 하나님이 베풀어주신 은혜와 사랑에 진정 감사하여 올곧은 다짐과 각오를 했습니다. 하나님 앞에서 서약하고 마음의 도장을 찍었습니다. 우리가 신앙과 삶의 개혁을 단행하고 새롭게 출발할 때 이 땅이, 우리 공동체가, 우리 가정이 건강해질 수 있음을 믿으십시오. 이제 각오한 것들을 삶에서 잘 지켜나갈 수 있도록 한 달간 이를 돕고 점검해 줄 짝을 정하여 서로를 위해 기도하는 시간을 가지십시오.

13. 하나님은 이렇게 일하신다

느헤미야 11:1-12:26

1백성의 지도자들은 예루살렘에 거주하였고 그 남은 백성은 제비 뽑아 십분의 일은 거룩한 성 예
루살렘에서 거주하게 하고 그 십분의 구는 다른 성읍에 거주하게 하였으며 2예루살렘에 거주하기
를 자원하는 모든 자를 위하여 백성들이 복을 빌었느니라 3이스라엘과 제사장들과 레위 사람들과
느디님 사람들과 솔로몬의 신하들의 자손은 유다 여러 성읍에서 각각 자기 성읍 자기 기업에 거
주하였느니라 예루살렘에 거주한 그 지방의 지도자들은 이러하니 4예루살렘에 거주한 자는 유다
자손과 베냐민 자손 몇 명이라 유다 자손 중에는 베레스 자손 아다야이니 그는 웃시야의 아들이
요 스가랴의 손자요 아마랴의 증손이요 스바댜의 현손이요 마할랄렐의 오대 손이며 5또 마아세야
니 그는 바룩의 아들이요 골호세의 손자요 하사야의 증손이요 아다야의 현손이요 요야립의 오대
손이요 스가랴의 육대 손이요 실로 사람의 칠대 손이라 6예루살렘에 거주한 베레스 자손은 모두
사백육십팔 명이니 다 용사였느니라 7베냐민 자손은 살루이니 그는 므술람의 아들이요 요엣의 손
자요 브다야의 증손이요 골라야의 현손이요 마아세야의 오대 손이요 이디엘의 육대 손이요 여사
야의 칠대 손이며 8그 다음은 갑배와 살래 등이니 모두 구백이십팔 명이라 9시그리의 아들 요엘이
그들의 감독이 되었고 핫스누아의 아들 유다는 버금이 되어 성읍을 다스렸느니라 10제사장 중에는
요야립의 아들 여다야와 야긴이며 11또 하나님의 전을 맡은 자 스라야이니 그는 힐기야의 아들이
요 므술람의 손자요 사독의 증손이요 므라욧의 현손이요 아히둡의 오대 손이며 12또 전에서 일하
는 그들의 형제니 모두 팔백이십이 명이요 또 아다야이니 그는 여로함의 아들이요 블라야의 손자
요 암시의 증손이요 스가랴의 현손이요 바스훌의 오대 손이요 말기야의 육대 손이며 13또 그 형제
의 족장된 자이니 모두 이백사십이 명이요 또 아맛새이니 그는 아사렐의 아들이요 아흐새의 손자
요 므실레못의 증손이요 임멜의 현손이며 14또 그들의 형제의 큰 용사들이니 모두 백이십팔 명이
라 하그돌림의 아들 삽디엘이 그들의 감독이 되었느니라 15레위 사람 중에는 스마야이니 그는 핫
숩의 아들이요 아스리감의 손자요 하사뱌의 증손이요 분니의 현손이며 16또 레위 사람의 족장 삽
브대와 요사밧이니 그들은 하나님의 전 바깥 일을 맡았고 17또 아삽의 증손 삽디의 손자 미가의
아들 맛다냐이니 그는 기도할 때에 감사하는 말씀을 인도하는 자가 되었고 형제 중에 박부갸가
버금이 되었으며 또 여두둔의 증손 갈랄의 손자 삼무아의 아들 압다니 18거룩한 성에 레위 사람은
모두 이백팔십사 명이었느니라 19성 문지기는 악굽과 달몬과 그 형제이니 모두 백칠십이 명이며

20 그 나머지 이스라엘 백성과 제사장과 레위 사람은 유다 모든 성읍에 흩어져 각각 자기 기업에
살았고 21 느디님 사람은 오벨에 거주하니 시하와 기스바가 그들의 책임자가 되었느니라 22 노래하
는 자들인 아삽 자손 중 미가의 현손 맛다냐의 증손 하사뱌의 손자 바니의 아들 웃시는 예루살렘
에 거주하는 레위 사람의 감독이 되어 하나님의 전 일을 맡아 다스렸으니 23 이는 왕의 명령대로
노래하는 자들에게 날마다 할 일을 정해 주었기 때문이며 24 유다의 아들 세라의 자손 곧 므세사벨
의 아들 브다히야는 왕의 수하에서 백성의 일을 다스렸느니라 25 마을과 들로 말하면 유다 자손의
일부는 기럇 아르바와 그 주변 동네들과 디본과 그 주변 동네들과 여갑스엘과 그 마을들에 거주
하며 26 또 예수아와 몰라다와 벧벨렛과 27 하살수알과 브엘세바와 그 주변 동네들에 거주하며 28 또
시글락과 므고나와 그 주변 동네들에 거주하며 29 또 에느림몬과 소라와 야르뭇에 거주하며 30 또
사노아와 아둘람과 그 마을들과 라기스와 그 들판과 아세가와 그 주변 동네들에 살았으니 그들은
브엘세바에서부터 힌놈의 골짜기까지 장막을 쳤으며 31 또 베냐민 자손은 게바에서부터 믹마스와
아야와 벧엘과 그 주변 동네들에 거주하며 32 아나돗과 놉과 아나냐와 33 하솔과 라마와 깃다임과 34
하딧과 스보임과 느발랏과 35 로드와 오노와 장인들의 골짜기에 거주하였으며 36 유다에 있던 레위
사람의 일부는 베냐민과 합하였느니라 1 스알디엘의 아들 스룹바벨과 예수아와 함께 돌아온 제사
장들과 레위 사람들은 이러하니라 제사장들은 스라야와 예레미야와 에스라와 2 아마랴와 말룩과
핫두스와 3 스가냐와 르훔과 므레못과 4 잇도와 긴느도이와 아비야와 5 미야민과 마아댜와 빌가와 6
스마야와 요야립과 여다야와 7 살루와 아목과 힐기야와 여다야니 이상은 예수아 때에 제사장들과
그들의 형제의 지도자들이었느니라 8 레위 사람들은 예수아와 빈누이와 갓미엘과 세레뱌와 유다와
맛다냐니 이 맛다냐는 그의 형제와 함께 찬송하는 일을 맡았고 9 또 그들의 형제 박부갸와 운노는
직무를 따라 그들의 맞은편에 있으며 10 예수아는 요야김을 낳고 요야김은 엘리아십을 낳고 엘리아
십은 요야다를 낳고 11 요야다는 요나단을 낳고 요나단은 얏두아를 낳았느니라 12 요야김 때에 제사
장, 족장 된 자는 스라야 족속에는 므라야요 예레미야 족속에는 하나냐요 13 에스라 족속에는 므술
람이요 아마랴 족속에는 여호하난이요 14 말루기 족속에는 요나단이요 스바냐 족속에는 요셉이요
15 하림 족속에는 아드나요 므라욧 족속에는 헬개요 16 잇도 족속에는 스가랴요 긴느돈 족속에는 므
술람이요 17 아비야 족속에는 시그리요 미냐민 곧 모아댜 족속에는 빌대요 18 빌가 족속에는 삼무아
요 스마야 족속에는 여호나단이요 19 요야립 족속에는 맛드내요 여다야 족속에는 웃시요 20 살래 족
속에는 갈래요 아목 족속에는 에벨이요 21 힐기야 족속에는 하사뱌요 여다야 족속에는 느다넬이었
느니라 22 엘리아십과 요야다와 요하난과 얏두아 때에 레위 사람의 족장이 모두 책에 기록되었고
바사 왕 다리오 때에 제사장도 책에 기록되었고 23 레위 자손의 족장들은 엘리아십의 아들 요하난
때까지 역대지략에 기록되었으며 24 레위 족속의 지도자들은 하사뱌와 세레뱌와 갓미엘의 아들 예
수아라 그들은 그들의 형제의 맞은편에 있어 하나님의 사람 다윗의 명령대로 순서를 따라 주를
찬양하며 감사하고 25 맛다냐와 박부갸와 오바댜와 므술람과 달몬과 악굽은 다 문지기로서 순서대
로 문안의 곳간을 파수하였나니 26 이상의 모든 사람들은 요사닥의 손자 예수아의 아들 요야김과
총독 느헤미야와 제사장 겸 학사 에스라 때에 있었느니라

마음의 문을 열며

예루살렘 성은 160여 년 동안 성벽 없이 폐허처럼 된 성이었습니다. 마치 거대한 쓰레기더미와 같았고 사람 살 곳이 못 되었습니다. 더욱이 성벽을 짓기 전에는 외적이 침입해 와도 막을 수 없으므로 사람들이 살 수가 없었습니다. 따라서 성벽이 완공되었어도 사람들이 선뜻 성 안에서 살기는 어려웠습니다. 그래서 백성의 지도자들이 모범을 보이려고 먼저 성 안에 들어와 살았습니다. 그리고 백성들 중에서 제비를 뽑아 10%는 성 안에서 살도록 하고 나머지는 성 밖에서 흩어져 살도록 하였습니다(1절). 한마디로 '자발적인 징집'이었습니다. '자발적'이라는 말과 '징집'이란 말은 서로 모순되지만, 이것이 바로 하나님의 사역 스타일 중 하나입니다.

오늘날에도 주님은 자발적 징집을 통하여 하나님의 사람들을 모으십니다. 물론 저마다 맡겨진 일은 다르지만 주님의 몸을 세우고 하나님의 나라를 확장한다는 면에서 목표는 동일합니다. 이제 우리 모두가 하나님의 사역의 비밀을 깨닫고 자신의 은사를 아름답게 펼쳐나가는 봉사의 주역들이 되길 바랍니다.

말씀의 씨를 뿌리며

1. 예루살렘 성벽은 다 지어졌지만 정작 사람들은 성 안에서 별로 살지 않았습니다(7:4). 당시 예루살렘 성 둘레는 약 6.4km나 되었으므로 유사시에 방어를 하기 위해서는 많은 인원이 필요했습니다. 예루살렘에 사람들을 다시 정착시키기 위하여 어떻게 사람들을 충원하고 있습니까?

   • 1절 /

2. 당시 예루살렘은 외적으로는 대적들의 주요 공격 목표였으며, 내적으로는 반 폐허 상태의 미개척지였습니다. 그래서 백성들 중 대부분은 예루살렘에 거주하기를 꺼렸습니다. 그럼에도 제비를 뽑는 과정에서 이스라엘 백성들의 전체 분위기는 어떠했습니까?

   • 2절 /

3. 예루살렘에 이주해 온 다양한 그룹들을 살펴보십시오. 그들은 각각 역할을 맡아 은사대로 하나님의 일을 감당했습니다. 각자가 말씀 내용을 보면서 발견한 특징이나 교훈을 자연스럽게 나누어 보십시오.

• 지파 그룹(4–9절) /

• 제사장 그룹(10–14절) /

• 레위 그룹(15–18절) /

• 성문지기 그룹(19절) /

• 기타 그룹(21–24절) /

4. 내가 어떤 일을 맡았느냐, 얼마나 오랫동안 그 일을 했느냐보다 더 중요한 것은 내가 맡은 일을 어떻게 감당하고 있느냐 입니다. 지금 당신이 공동체 안에서 감당하고 있는 사역은 무엇이며, 어떤 마음가짐으로 봉사하고 있습니까? 또 다른 사람의 사역에 대해서 어떤 마음을 갖고 있습니까?(빌립보서 2:3-4; 베드로전서 4:10-11 참조)

5. 인구 재정착을 마친 후, 체제 정비를 위한 기초 준비로 1, 2차 포로 귀환민 중에서 제사장 및 레위인들의 가계를 조사한 기록이 나옵니다(12:1-26). 모든 개혁은 제도정비 없이 일어날 수 없습니다. 먼저 세부적인 면이 정리되어야 비로소 새로운 모습으로 발전할 수 있기 때문입니다. 당신이 소속된 직장이나 교회의 사역 현장은 어떻습니까? 삼허(三虛), 곧 허세(虛勢), 허수(虛數), 허상(虛像)이 아닌 삼실(三實), 곧 실세(實勢), 실수(實數), 실상(實像)으로 나아가기 위해서 어떠한 부분을 재정비해야 합니까?

6. 거듭 강조되고 있는 '기록되었다'는 말을 유심히 생각해 보십시오. 각 사람들의 이름이 하나님의 역대지략 즉 하나님 은혜의 역사, 영적인 사기(史記)에 기록되었다는 뜻입니다. 이처럼 하나님께서 자신의 일을 하실 때 상징이나 꿈, 이상으로 끝내시지 않고, 역사적 사실에 근거하도록 하시는 이유는 무엇입니까?

• 12:22-23 /

7. 하나님의 드라마에는 누구나 배역이 있습니다. 다음 글을 읽고 느낀 점을 이야기해 봅시다.

아래 소개하는 "목수의 연장들"(The Carpenter's Tools)이라는 짧은 글은 예수 안에서 모두가 하나 되어 하나님의 일을 이루는 한 예화입니다.

망치 형제는 너무 시끄럽다는 이유로 다른 연장들한테서 일터를 떠나 달라는 요청을 받았다. 그러나 그는 이렇게 말했다. "내가 이 목수 가게를 떠나야 한다면 드릴(drill) 형제도 떠나야 해. 그는 너무 보잘것없어서 아무 영향력이 없거든." 그러자 드릴 형제가 일어나서 말했다. "좋아, 그럼 나사 형제도 떠나야 해. 그를 어딘가에 두려면 계속해서 돌려줘야 하기 때문이지." 이 말을 들은 나사 형제가 "자네가 원한다면 내가 떠날게. 하지만 대패 형제도 떠나야 해. 왜냐하면 그는 겉으로 드러나는 일만 하거든. 도대체 깊이가 없단 말이야." 대패 형제는 "내가 떠나야 한다면 자도 떠나야 할 거야. 그는 자기만 옳은 것처럼 매사에 다른 사람을 판단하거든." 이 말을 듣고 있던 자 형제는 사포 형제를 향하여 불평을 터뜨렸다. "난 상관없어. 하지만 사포 형제는 필요 이상으로 거칠다고. 툭 하면 다른 사람들과 마찰을 일으키거든."

때마침 계속되는 논쟁 도중에 나사렛의 목수가 들어와서 앞치마를 걸친 후, 그 모든 도구를 들고 나갔다. 가난한 사람들에게 복음 전하는 데 쓸 설교단을 만들기 위해서였다. 그리고 나사와 드릴과 사포와 톱과 망치와 대패 등 모든 연장을 사용하여 설교단을 만들었다. 설교단이 완성되자 톱 형제가 일어나 말했다. "형제들, 나는 우리 모두가 하나님의 동역자들임을 알고 있었어."

하나님의 백성이라면 독불장군식으로 혼자 일하는 것이 아니라 모두 같이 일해야 합니다. 하나님이 연출하는 드라마에는 한 사람도 빠짐없이 그의 자녀들 모두에게 배역이 맡겨져 있습니다. 다만 우리가 둔하고 게으르기 때문에 찾지 못할 뿐입니다.

삶의 열매를 거두며

한 자료에 따르면 보통 사람들은 평균 500- 700가지의 서로 다른 기술과 재능을 소유하고 있다고 합니다. 이 모든 은사들은 그리스도의 몸을 위해 기여하는 데 사용되어야 합니다. 당신이 가진 은사가 너무 평범하더라도 걱정할 것 없습니다. 하나님께는 그 은사들이 영원히 중요한 것들이기 때문입니다. 사실 하나님의 뜻과 당신의 은사가 만나는 교차점보다 더 행복한 곳은 없습니다. 이제 우리가 드리는 무형의 헌신이 하나님 앞에 영구한 헌신으로 기억될 것을 감사드리며, 서로의 은사를 나누고 격려하십시오.

14. 기쁨의 봉헌식

느헤미야 12:27-47

[27]예루살렘 성벽을 봉헌하게 되니 각처에서 레위 사람들을 찾아 예루살렘으로 데려다가 감사
하며 노래하며 제금을 치며 비파와 수금을 타며 즐거이 봉헌식을 행하려 하매 [28]이에 노래하
는 자들이 예루살렘 사방 들과 느도바 사람의 마을에서 모여들고 [29]또 벧길갈과 게바와 아스
마웻 들에서 모여들었으니 이 노래하는 자들은 자기들을 위하여 예루살렘 사방에 마을들을
이루었음이라 [30]제사장들과 레위 사람들이 몸을 정결하게 하고 또 백성과 성문과 성벽을 정
결하게 하니라 [31]이에 내가 유다의 방백들을 성벽 위에 오르게 하고 또 감사 찬송하는 자의
큰 무리를 둘로 나누어 성벽 위로 대오를 지어 가게 하였는데 한 무리는 오른쪽으로 분문을
향하여 가게 하니 [32]그들의 뒤를 따르는 자는 호세야와 유다 지도자의 절반이요 [33]또 아사랴
와 에스라와 므술람과 [34]유다와 베냐민과 스마야와 예레미야이며 [35]또 제사장들의 자손 몇 사
람이 나팔을 잡았으니 요나단의 아들 스마야의 손자 맛다냐의 증손 미가야의 현손 삭굴의 오
대 손 아삽의 육대 손 스가랴와 [36]그의 형제들인 스마야와 아사렐과 밀랄래와 길랄래와 마애
와 느다넬과 유다와 하나니라 다 하나님의 사람 다윗의 악기를 잡았고 학사 에스라가 앞서서
[37]샘문으로 전진하여 성벽으로 올라가는 곳에 이르러 다윗 성의 층계로 올라가서 다윗의 궁
윗 길에서 동쪽으로 향하여 수문에 이르렀고 [38]감사 찬송하는 다른 무리는 왼쪽으로 행진하
는데 내가 백성의 절반과 더불어 그 뒤를 따라 성벽 위로 가서 화덕 망대 윗 길로 성벽 넓은
곳에 이르고 [39]에브라임 문 위로 옛문과 어문과 하나넬 망대와 함메아 망대를 지나 양문에 이
르러 감옥 문에 멈추매 [40]이에 감사 찬송하는 두 무리가 하나님의 전에 섰고 또 나와 민장의
절반도 함께 하였고 [41]제사장 엘리아김과 마아세야와 미냐민과 미가야와 엘료에내와 스가랴
와 하나냐는 다 나팔을 잡았고 [42]또 마아세야와 스마야와 엘르아살과 웃시와 여호하난과 말
기야와 엘람과 에셀이 함께 있으며 노래하는 자는 크게 찬송하였는데 그 감독은 예스라히야
라 [43]이 날에 무리가 큰 제사를 드리고 심히 즐거워하였으니 이는 하나님이 크게 즐거워하게
하셨음이라 부녀와 어린 아이도 즐거워하였으므로 예루살렘이 즐거워하는 소리가 멀리 들렸
느니라 [44]그 날에 사람을 세워 곳간을 맡기고 제사장들과 레위 사람들에게 돌릴 것 곧 율법에

정한 대로 거제물과 처음 익은 것과 십일조를 모든 성읍 밭에서 거두어 이 곳간에 쌓게 하였
노니 이는 유다 사람이 섬기는 제사장들과 레위 사람들로 말미암아 즐거워하기 때문이라 45
그들은 하나님을 섬기는 일과 결례의 일을 힘썼으며 노래하는 자들과 문지기들도 그러하여
모두 다윗과 그의 아들 솔로몬의 명령을 따라 행하였으니 46 옛적 다윗과 아삽의 때에는 노래
하는 자의 지도자가 있어서 하나님께 찬송하는 노래와 감사하는 노래를 하였음이며 47 스룹바
벨 때와 느헤미야 때에는 온 이스라엘이 노래하는 자들과 문지기들에게 날마다 쓸 몫을 주되
그들이 성별한 것을 레위 사람들에게 주고 레위 사람들은 그것을 또 성별하여 아론 자손에게
주었느니라

마음의 문을 열며

마침내 예루살렘 성벽을 완공하고 성벽 봉헌식을 드리게 되었습니다. 물론 이스라엘 사람들이 새 집을 짓고 나서 낙성식을 드린 예도 있긴 하지만(신명기 20:5) 이날의 봉헌식은 특별한 의미가 있습니다. 그들이 보고 만지고 밟고 있는 벽돌 한장한장마다 이스라엘 백성들의 애환과 지나간 역사의 고초와 그 가운데 함께해 주신 하나님의 신실하심이 고스란히 담겨 있기 때문입니다. 이날의 봉헌식을 한번 상상해 보십시오. 모두가 기뻐하고 감사하며 대열을 이루어 찬양하는 모습을, 또한 성벽을 돌고 나서 연합찬양대를 이루어 성전 앞에서 절정의 팡파르를 울리는 모습을 말입니다. 무척이나 아름다운 한 장의 그림입니다. 세월이 지나도 이때 느꼈던 즐거움과 커다란 기쁨으로 감격하던 소리를 잊지 못할 것입니다.

마찬가지로 우리 자신과 우리가 속한 공동체 역시 하나님의 영광을 위해 절절히 소원하는 제목이 있다면 이것을 영광 가운데 봉헌할 수 있길 소원하면서 기쁨과 정결함으로, 감사로 거룩한 땅 밟기를 시작해 봅시다.

말씀의 씨를 뿌리며

1. 느헤미야는 이스라엘 백성들과 함께 독특한 성벽 봉헌식을 거행합니다(27절). 유다의 방백들은 성 위에서 두 무리로 정렬하여 한 무리는 에스라의 인도 하에, 또 한 무리는 느헤미야의 인도 하에 각기 반대편으로 출발하여 성벽을 행진했습니다. 왜 이런 행진을 했다고 생각합니까? 여기에 담긴 상징적인 의미는 무엇입니까?(4:3 참조)

• 31-42절 /

2. 느헤미야서는 13장에 불과하지만 하나님의 이름이 60번 이상 나옵니다. 이것은 느헤미야가 모든 일을 '하나님 앞에서' 라는 신전(神前)의식으로 행했다는 것을 말해 줍니다. 이날 봉헌식을 드리는 느헤미야의 심정은 어떠했겠습니까?

3. 보통 이스라엘의 여자들은 애곡하는 장면에서 자주 등장하지만(사사기 11:40; 예레미야 31:15) 기쁜 일에는 모습을 잘 드러내지 않습니다. 그런데 성벽 봉헌식이 거행되던 날에는 부녀와 어린아이까지 즐거워했다고 언급할 정도로 전례 없는 기쁨이 넘쳤습니다. 그 이유가 무엇입니까?

• 43절 /

4. 당신의 기쁨의 수준은 어느 정도입니까? 무엇을 이루고 가졌기 때문에 기뻐할 때가 많습니까? 아니면 내 신앙의 성벽들이 재건됨으로 삶에서 예수의 이름이 드러나고 하나님의 영광이 선포되는 것 때문에 기뻐할 때가 많습니까? 당신의 삶에서 가장 기쁜 순간은 언제였습니까? 그리고 무엇이 현재 당신의 삶을 기쁨으로 가득 차게 합니까?

5. '즐거움' 에 이어 봉헌식의 중요한 요소는 '정결함' 과 '감사' 입니다(27, 30절). 제사장과 레위 사람들은 몸은 물론이고 성벽에까지도 철저한 정결의식을 행했습니다. 뿐만 아니라 봉헌식 내내 '감사 찬송'(38, 40, 46절)이 떠나지 않았습니다. 이 두 가지를 특별히 우리가 드리는 예배에 적용해 볼 때 개인적으로 어떤 부분이 점검됩니까?

6. 진정한 부흥의 열매를 거두기 위해서는 감정이 순간적인 것으로 그쳐선 안 됩니다. '그날에' 느헤미야는 국가 기틀의 근본이 되는 종교제도를 확립하고자 레위인들을 위한 십일조 제도를 시행하고 그 분배 기준을 정합니다. 백성들 또한 봉헌식의 연장선으로 각기 직무에 순종했으며 더욱 여호와 하나님을 섬기는 일에 전심했습니다. 이것이 오늘 우리에게 시사하는 바는 무엇입니까?

• 44-47절 /

7. 다음 글을 읽고 느낀 점을 나누어봅시다.

저는 교회를 개척하고 큰 규모의 교회를 두 번 건축한 경험이 있습니다. 교회를 건축할 때 남들이 어떻게 생각하든 제 마음에 있는 근본적인 생각은 '나는 이 일을 이룰 수 없다. 그러나 하나님이 하시면 할 수 있다. 이것은 인간의 야망이 아니다. 이 건축을 통하여 믿지 않는 수많은 영혼들이 주님 앞에 돌아오기를 소원한다. 그리고 이 건물을 통해서 수많은 다음 세대의 자녀들이 하나님의 은혜로 잘 무장될 것이다. 또한 이곳이 복음의 강력한 힘을 선포하는 전진기지가 될 것이다'는 것이었습니다. 하나님께서 제게 그런 마음의 소원을 주셨습니다.

처음 교회를 건축할 때도 그랬지만, 두 번째 교회를 건축할 때도 그 땅을 '기적의 땅'이라고 이름 붙였습니다. 그리고 거룩한 땅 밟기를 했습니다. 그 대지를 한 바퀴 도는 데만 10분 이상 걸렸는데, 나중에 완공하고 계산해 보았더니 제가 돌은 횟수가 300번이 넘었습니다. 그러니까 모두 합해서 3,000분 정도 걸린 셈입니다. 나중에 교우들도 저의 마음을 이해해 줘서 제자훈련을 마친 뒤 늦은 밤에도 철조망을 잡고 같이 돌았습니다. 새벽기도를 마친 다음에도 성도들이 돌고 또 돌았습니다. 한 번 돌 때마다 벽에 표시를 했는데, 나중에 보니 7천 번이 넘었습니다.

남들은 우리가 땅 주변을 빙빙 도는 것을 보고 돌았다고 했을지 모르지만, 저와 성도들은 돌면서 소원을 품었습니다. 어떤 소원이었겠습니까? "하나님, 우리의 야망을 이루어주십시오. 우리의 욕심을 이루어주십시오" 하는 기도였겠습니까? 결코 아닙니다. "하나님, 우리는 아무것도 아닙니다. 우리는 할 수가 없습니다. 하나님이 하셔야 합니다" 하는 기도였습니다.

하나님이 도와주지 않으시면 안 된다는 마음의 소원을 가지고, 남들이 볼 때 불가능한 일을 이루어본 적이 있습니까? 거룩한 땅 밟기를 해본 적이 있습니까? 처음에 이스라엘 백성들이 성벽을 재건하기로 결심했을 때만 해도 가진 것이라고는 아무것도 없었습니다. 다만 하나님께서 느헤미야를 보내셨고, 하나님께서 백성들의 마음을 움직여주셨고, 하나님께서 성벽을 완성시켜 주셨다는 사실을 기억하십시오.

삶의 열매를 거두며

예루살렘 성벽을 봉헌하면서 땅 밟기를 하던 이스라엘 백성들이 하나님의 역사 하심으로 자신들이 밟는 곳마다 하나님의 땅으로 만들어주신다는 확신을 갖게 되었듯이, 오늘날 우리에게도 이러한 확신이 있어야 합니다.

적어도 내 야망과 내 욕심이 아닌 하나님의 나라와 영광을 위한 순수한 마음의 소원을 갖고 있다면, '거룩한 땅 밟기'를 할 자격이 있습니다. 하나님께서 당신에게 개인적으로, 가정적으로, 교회적으로 주시는 비전이 무엇입니까? 이것을 함께 나누고 먼저 기도를 통해 거룩한 땅 밟기를 시작해 보십시오.

15. 그러면 우리는 어떻게 살아야 하나

느헤미야 13:1-14

1그 날 모세의 책을 낭독하여 백성에게 들렸는데 그 책에 기록하기를 암몬 사람과 모압 사람
은 영원히 하나님의 총회에 들어오지 못하리니 2이는 그들이 양식과 물로 이스라엘 자손을 영
접하지 아니하고 도리어 발람에게 뇌물을 주어 저주하게 하였음이라 그러나 우리 하나님이
그 저주를 돌이켜 복이 되게 하셨다 하였는지라 3백성이 이 율법을 듣고 곧 섞인 무리를 이스
라엘 가운데에서 모두 분리하였느니라 4이전에 우리 하나님의 전의 방을 맡은 제사장 엘리아
십이 도비야와 연락이 있었으므로 5도비야를 위하여 한 큰 방을 만들었으니 그 방은 원래 소
제물과 유향과 그릇과 또 레위 사람들과 노래하는 자들과 문지기들에게 십일조로 주는 곡물
과 새 포도주와 기름과 또 제사장들에게 주는 거제물을 두는 곳이라 6그 때에는 내가 예루살
렘에 있지 아니하였느니라 바벨론 왕 아닥사스다 삼십이년에 내가 왕에게 나아갔다가 며칠
후에 왕에게 말미를 청하고 7예루살렘에 이르러서야 엘리아십이 도비야를 위하여 하나님의
전 뜰에 방을 만든 악한 일을 안지라 8내가 심히 근심하여 도비야의 세간을 그 방 밖으로 다
내어 던지고 9명령하여 그 방을 정결하게 하고 하나님의 전의 그릇과 소제물과 유향을 다시
그리로 들여놓았느니라 10내가 또 알아본즉 레위 사람들이 받을 몫을 주지 아니하였으므로 그
직무를 행하는 레위 사람들과 노래하는 자들이 각각 자기 밭으로 도망하였기로 11내가 모든
민장들을 꾸짖어 이르기를 하나님의 전이 어찌하여 버린 바 되었느냐 하고 곧 레위 사람을
불러 모아 다시 제자리에 세웠더니 12이에 온 유다가 곡식과 새 포도주와 기름의 십일조를 가
져다가 곳간에 들이므로 13내가 제사장 셀레먀와 서기관 사독과 레위 사람 브다야를 창고지기
로 삼고 맛다냐의 손자 삭굴의 아들 하난을 버금으로 삼았나니 이는 그들이 충직한 자로 인
정됨이라 그 직분은 형제들에게 분배하는 일이었느니라 14내 하나님이여 이 일로 말미암아 나
를 기억하옵소서 내 하나님의 전과 그 모든 직무를 위하여 내가 행한 선한 일을 도말하지 마
옵소서

마음의 문을 열며

예루살렘이 주전 588년에 바벨론의 느부갓네살 왕에 의해 완전히 멸망한 뒤, 느헤미야가 성벽 건축을 위해 다시 예루살렘에 돌아오기까지 140년의 세월이 걸렸는데, 주전 538년 고레스의 허락 아래 스룹바벨의 귀환을 기점으로 하면 94년이 걸린 것입니다. 성벽이 세워지기까지 우여곡절을 많이 겪은 것입니다. 그런데 기쁨 가운데 봉헌식을 치른 지 불과 1년도 안 돼서 이방문화가 다시 들어오게 된 것은 부흥보다 그 이후를 더 조심해야 함을 보여 줍니다. 이에 느헤미야는 다시 철저한 개혁을 실시합니다. 유대 사회를 성전 중심으로 바로 세우기 위해서는 성전의 제 기능을 살려야 했기 때문입니다.

어떤 부흥이든지 간에 우리는 부흥 이후를 조심해야 합니다. 부흥이 부패와 타락으로 이어져 영적 퇴보를 가져오지 않도록 영적 긴장을 하든지, 혹은 부흥이 박해로 이어져 순교의 자리까지 나아가는 각오를 하든지 부흥 이후를 대비하는 마음이 있어야 합니다. 이제 말씀을 통해 마음으로는 부흥을 준비하면서, 눈으로는 부흥 이후를 보는 통찰력을 소유하길 바랍니다.

말씀의 씨를 뿌리며

1. 느헤미야는 이스라엘 백성들의 존립이 위태로운 상황에서 다시금 정체성을 확립하기 위해 제일 먼저 어떤 개혁을 시행합니까? 참고로, 1절에 나오는 '그날'은 12장 44절의 그날이 아닌 13장 4-7절에 언급된 대로 느헤미야가 다시 유다 총독으로 부임한 이후의 날을 말합니다(10:29–30; 신명기 23:3–5 참조).

• 1–3절 /

2. 불과 한 절 차이지만 3절과 4절 사이에는 상당한 시간적 공백이 있습니다. 느헤미야는 12년간 유다 총독으로 있다가 페르시아로 귀국했는데, 4절 이후에 이 1여 년의 부재기간 동안 벌어진 사건을 기록하고 있습니다. 그 사이에 어떤 일이 일어났습니까?

• 4–5, 7, 10절 /

3. 오늘날 우리 영혼의 지성소를 차지하고 앉아 우리를 파괴하고 오염시키는 21세기의 도비야는 무엇입니까? 거짓된 부유물, 죄에 대한 용납과 타협, 음란함, 술 취함, 이기심, 적당주의, 세속주의 등으로 마음 한 켠을 채우고 있진 않습니까? "정리하라! 단호한 태도를 취하라!"고 명하시는 주님 앞에 어떻게 반응하겠습니까?

4. 하나님의 전이 버려진 것 같은 참람한 상황을 목도한 느헤미야는 어떻게 이 일을 바로 잡고 있습니까?

- 성전 정화(8–9절) /

- 성전 사역 회복(11–13절) /

5. 느헤미야에게 있어서 하나님의 집이 버려진다는 것은 곧 하나님을 버리는 행위였습니다. 하나님의 이름이 멸시당하고, 하나님의 전이 더럽혀지는 곳에서는 예배의 회복이 불가능합니다. 예배가 무시되면 이스라엘 민족일지라도 하나님의 백성이라는 정체성과 삶의 중심이 흔들릴 수밖에 없습니다. 따라서 성전의 제 기능을 회복시키기 위해 이처럼 대대적인 개혁을 단행하고 있는 것입니다. 당신의 삶에서 예배가 무너졌던 경험은 없었습니까? 또한 예배의 회복을 위해, 예배에 실패하지 않기 위해 평소 노력하고 있는 부분은 무엇입니까?

6. 존 맥아더(John MacArthur)는 "힘든 일은 교회가 부흥된 이후에 시작된다. 사람들이 부흥에 만족해하고 모든 것을 당연시 여길 때 수많은 문제가 일어난다"고 말했습니다. 이러한 부흥 증후군은 느헤미야서 13장에만 나타나는 현상이거나, 교회에만 있는 문제가 아닙니다. 개인적으로도 얼마든지 부흥 이후 어려움을 겪을 수 있습니다. 서로 알고 있는 실례를 이야기해 보고, 아울러 이 증후군을 극복할 수 있는 방법도 나누어 보십시오.

7. 다음 글을 읽고 영혼의 지성소를 깨끗이 하기 위해 자신에게 필요한 것이 무엇인지 나누어 보십시오.

전 세계적으로 1천만 부 이상의 판매부수를 기록한 로버트 멍어(Robert B. Munger)의 『내 마음 그리스도의 집』이라는 책에서, 로버트 멍어는 거실과 안방과 서재 등 집안의 모든 곳을 주님께 맡겼습니다. 전에는 거실이 텔레비전이나 보던 곳이었지만 이제는 "주님이 거실의 주인이 되어 주십시오" 하고 주님께 맡겼습니다. 부엌도 예전에는 자신의 욕망만을 위해 먹던 곳이었지만 이제는 세속적인 욕망까지도 주님이 통제해 주시기를 원하는 공간이 되었습니다. 뿐만 아니라 작업실에서도 이제는 주님의 크고 강한 팔을 의지하여 자신과 이웃을 위해 일할 것을 결심하게 되었습니다. 이런 식으로 그는 예수님이 모든 공간의 주인이심을 고백하며 모든 것을 주님께 드렸기에 마음의 평안을 얻고, 능력 주시는 하나님의 인도를 받으며 기쁨으로 살 것을 기대했습니다.

그런데 이상하게도 마음이 편하지 않았습니다. 멍어가 그 이유를 놓고 한참을 고민할 때 이상한 냄새가 나기 시작했습니다. 2층 조그마한 벽장에서 나는 냄새였습니다. 그곳만은 주님께 보여드리고 싶지 않았습니다. 거기에는 죽은 것도 들어 있었고 썩은 것도 들어 있었는데, 그는 그것들을 사랑했고 필요로 했습니다. 그것이 비록 악한 것은 아니라 할지라도 그리스도인에게는 합당치 않은 것들이었습니다. 주님께서는 벽장을 가리키고 계셨지만 그는 그것을 인정하고 싶지 않아서 버텼습니다. 그러자 주님이 "그래, 알았다" 하고 계단을 내려가시는 것이었습니다.

그제서야 멍어는 벽장까지도 주님께 내어드리기 위해 열쇠를 드렸습니다. 그리고 주님께 대신 버려달라고 부탁했습니다. 그러자 주님은 흔쾌히 허락하시고, 벽장 문을 여셔서 더러운 것들을 다 치워주셨습니다. 그러자 어디선가 상쾌하고 향기로운 바람이 불어와 집안을 가득 채웠습니다. 죽은 것들이 쫓겨나자마자 주님은 그로 하여금 승리와 해방을 맛보게 해주셨던 것입니다.

우리는 주님 앞에 다 드린다고 하고 주님의 영광을 위해서 산다고 하지만 마지막 하나, 곧 내 삶의 조그마한 벽장 속에 있는 썩은 찌꺼기들은 주님께 드리지 못합니다. 우리는 죄가 아니니 괜찮다고 우길지 몰라도 주님 안에서는 부끄러운 것이 있을 수 있습니다. 주님은 바로 그것을 요구하십니다. 우리 스스로 해결하기 힘들면 열쇠라도 달라고 하십니다. 이때 주님께 열쇠를 내어드리는 용기가 필요합니다. 왜냐하면 내 안에서 일하시는 주님께서 은혜로 문제를 해결해 주시기 때문입니다.

삶의 열매를 거두며

14절의 기도를 읽어보십시오. 문자적으로만 보면 자신을 드러내는 듯한 기도처럼 보이지만, 자세히 들여다 보면 읽는 이로 하여금 눈물 흘리게 하고 옷깃을 여미게 하는 신앙의 장엄함을 느낄 수 있습니다. 또한 하나님의 일에 삶의 모든 것을 내어놓는 묵직한 신앙인의 모습을 엿볼 수 있습니다. 그렇다면 오늘날 역사적인 분기점에 서 있는 우리나라를 시대적인 변화에 맞춰 책임지고 이끌어 나갈 수 있는 사람은 과연 누구겠습니까? 무엇보다도 우리 자신이 혼탁하면 이 혼탁한 시대를 감당할 수 없음을 기억하면서, 이를 위해 자신을 추스르며 망루에 선 파수꾼처럼 기도로 주님 앞에 나아가십시오.

16. 은혜의 하루살이

느헤미야 13:15-31

15 그 때에 내가 본즉 유다에서 어떤 사람이 안식일에 술틀을 밟고 곡식단을 나귀에 실어 운반
하며 포도주와 포도와 무화과와 여러 가지 짐을 지고 안식일에 예루살렘에 들어와서 음식물
을 팔기로 그 날에 내가 경계하였고 16 또 두로 사람이 예루살렘에 살며 물고기와 각양 물건을
가져다가 안식일에 예루살렘에서도 유다 자손에게 팔기로 17 내가 유다의 모든 귀인들을 꾸짖
어 그들에게 이르기를 너희가 어찌 이 악을 행하여 안식일을 범하느냐 18 너희 조상들이 이같
이 행하지 아니하였느냐 그래서 우리 하나님이 이 모든 재앙을 우리와 이 성읍에 내리신 것
이 아니냐 그럼에도 불구하고 너희가 안식일을 범하여 진노가 이스라엘에게 더욱 심하게 임
하도록 하는도다 하고 19 안식일 전 예루살렘 성문이 어두워갈 때에 내가 성문을 닫고 안식일
이 지나기 전에는 열지 말라 하고 나를 따르는 종자 몇을 성문마다 세워 안식일에는 아무 짐
도 들어오지 못하게 하였으므로 20 장사꾼들과 각양 물건 파는 자들이 한두 번 예루살렘 성 밖
에서 자므로 21 내가 그들에게 경계하여 이르기를 너희가 어찌하여 성 밑에서 자느냐 다시 이
같이 하면 내가 잡으리라 하였더니 그후부터는 안식일에 그들이 다시 오지 아니하였느니라 22
내가 또 레위 사람들에게 몸을 정결하게 하고 와서 성문을 지켜서 안식일을 거룩하게 하라
하였느니라 내 하나님이여 나를 위하여 이 일도 기억하시옵고 주의 크신 은혜대로 나를 아끼
시옵소서 23 그 때에 내가 또 본즉 유다 사람이 아스돗과 암몬과 모압 여인을 맞아 아내로 삼
았는데 24 그들의 자녀가 아스돗 방언을 절반쯤은 하여도 유다 방언은 못하니 그 하는 말이 각
족속의 방언이므로 25 내가 그들을 책망하고 저주하며 그들 중 몇 사람을 때리고 그들의 머리
털을 뽑고 이르되 너희는 너희 딸들을 그들의 아들들에게 주지 말고 너희 아들들이나 너희를
위하여 그들의 딸을 데려오지 아니하겠다고 하나님을 가리켜 맹세하라 하고 26 또 이르기를
옛적에 이스라엘 왕 솔로몬이 이 일로 범죄하지 아니하였느냐 그는 많은 나라 중에 비길 왕
이 없이 하나님의 사랑을 입은 자라 하나님이 그를 왕으로 삼아 온 이스라엘을 다스리게 하
셨으나 이방 여인이 그를 범죄하게 하였나니 27 너희가 이방 여인을 아내로 맞아 이 모든 큰
악을 행하여 우리 하나님께 범죄하는 것을 우리가 어찌 용납하겠느냐 28 대제사장 엘리아십의

손자 요야다의 아들 하나가 호론 사람 산발랏의 사위가 되었으므로 내가 쫓아내어 나를 떠나
게 하였느니라 [29]내 하나님이여 그들이 제사장의 직분을 더럽히고 제사장의 직분과 레위 사
람에 대한 언약을 어겼사오니 그들을 기억하옵소서 [30]내가 이와 같이 그들에게 이방 사람을
떠나게 하여 그들을 깨끗하게 하고 또 제사장과 레위 사람의 반열을 세워 각각 자기의 일을
맡게 하고 [31]또 정한 기한에 나무와 처음 익은 것을 드리게 하였사오니 내 하나님이여 나를
기억하사 복을 주옵소서

마음의 문을 열며

이스라엘 백성이 자발적으로 내린 결심임에도 불구하고 1년도 채 되지 않아 하나님과의 서약을 어긴 것은 우리가 받는 은혜의 유효기간을 생각하게 합니다. 우리가 은혜의 하루살이임을 인식하는 비결은 은혜가 '사건'이 아니라 '삶'임을 기억하는 것입니다. 지금 이스라엘의 비극은 성벽 봉헌식을 통하여 은혜는 받았지만, 그것이 사건으로만 끝나버린 데 있습니다. 이 은혜를 새롭게 복원하기 위해 느헤미야는 두 번에 걸쳐 유대 사회를 개혁합니다. 첫 번째는 온갖 어려움과 살해 위험을 이겨내며 존립마저 위태로운 이스라엘을 개혁한 것이고, 두 번째는 도비야로 인해 정지된 성전의 본래 기능을 정상화시키고 유대 사회를 율법의 원형대로 재건한 것입니다. 사실 느헤미야는 누구보다도 탈진할 위험에 노출되어 있었습니다. 하지만 은혜의 하루살이임을 인식하고 끊임없이 기도로 하나님과 얼굴을 마주 대했기에 이를 모면할 수 있었습니다.

마찬가지로 하나님은 우리가 탈진이라는 웅덩이에서 허우적거리길 원치 않으십니다. 오늘도 하나님으로부터 오는 은혜의 전류는 공급되고 있습니다. 이제 느헤미야서의 마지막 말씀을 보면서 이 은혜의 전류 스위치를 올리도록 합시다.

말씀의 씨를 뿌리며

1. 느헤미야는 귀향하자마자 당시 상황을 면밀하게 살핀 후(15, 23절), 문제가 무엇인지 파악하고 곧바로 조치를 취합니다. 백성들은 앞서 한 서약(10:31)이 무색하리만치 안식일을 범하였는데, 구체적으로 어떻게 안식일을 범하고 있었습니까? 또한 느헤미야는 이 일을 어떻게 바로 잡고 있습니까?

• 15-16a절 /

• 16b-22a절 /

2. 안식일을 더럽히는 일은 이미 포로 이전 시기에도 비일비재했습니다(아모스 8:5). 특히 예레미야와 에스겔은 이를 가장 큰 죄 중의 하나로 보았습니다(예레미야 17:21-27; 에스겔 20:13). 그런데 이스라엘 백성은 이 축복의 날을 간과함으로써 스스로 저주의 날로 만들어 버린 것입니다. 오늘날에도 안식일은 세상 일에 전념하던 영혼이 잠시 쉬면서 하나님 앞에서 자기 삶의 좌표를 돌아보고 영혼의 리듬을 되찾는, 중요한 자아회복의 시간입니다. 이 리듬의 파괴는 결국 우리의 눈이 세상으로만 기울어지게 하는 무서운 결과를 가져옵니다. 당신은 진정한 안식의 은혜를 누리고 있습니까? 매주일마다 어떻게 안식의 기쁨과 회복을 맛보고 있습니까?

3. 뿐만 아니라 모세의 율법을 어기고 이방인들과의 잡혼이 다시금 성행하자 어떤 결과가 초래되었습니까? 느헤미야는 이 일을 어떻게 해결하고 있습니까?

• 23-24절 /

• 25-27절 /

4. 언어는 한 민족을 공통의 신앙과 유대 관계로 맺어주는 가장 기본적인 요소입니다. 특히 이스라엘 백성에게 있어서 민족 언어의 상실은 곧 하나님 말씀의 상실을 가져올 수 있는 것이었습니다. 따라서 자녀들이 모국어를 사용할 줄 모른다는 것은 유대 사회의 존립과 직결된 중대사안이었기에 느헤미야는 이방인들과의 통혼을 단호하게 처리했던 것입니다. 당신의 가정은 어떻습니까? 자녀들을 신앙의 은혜로 제대로 교육하고 있습니까? 서로 영적인 의사소통이 잘 이루어지고 있습니까?

5. 더욱 부끄러운 사실은 당시 성전 예배의 중심인 대제사장 가문조차도 통혼의 죄를 범하고 있었다는 점입니다(2절). 왜 이 같은 일이 일어났다고 생각합니까?(6:17-18, 13:4 참조) 느헤미야는 어떻게 이 사태를 수습하고 있습니까?

• 28-31절 /

6. 이스라엘이 하나님과의 약속을 저버리고 불성실의 나락으로 떨어지게 된 것은 하나님의 은혜가 삶으로 연속되지 못하고 사건과 함께 소진되었기 때문입니다. 우리 역시 주일예배나, 부흥집회, 혹은 여러 소그룹 모임을 통해서 은혜를 받지만, 그것이 사건이 아닌 삶으로 연결되기 위해서는 자신만의 은혜 찾기가 필요합니다. 당신은 은혜에 있어서 하루살이 인생임을 깨닫고 있습니까? 다같이 삶 속에서 은혜로 채움을 얻기 위한 실제적인 방법들을 나누어 보십시오.

7. 다음 글을 읽고 느낀 점을 이야기해 봅시다.

성령의 능력으로 폭발적인 사역을 하였던 D. L. 무디가 당시에 스코틀랜드의 개혁자이자 사역자로서 하나님과 깊은 관계를 누리고 있었던 앤드류 보나(Andrew Bonar)에게 그 비결을 물었을 때 보나는 "50년 동안 나는 은혜의 보좌로 나아갔습니다"라고 대답했습니다.

보나가 짧게 쓴 신앙기록에서 이런 면을 엿볼 수 있습니다. "1835-오후에는 기도가 길었고, 시편 51편 18절을 노래로 불렀다. 1835-기도와 성경읽기를 짧게 하고 서둘러 연구에 돌입하는 경향은 나의 부끄러운 또 다른 기도제목이다. 1840-나는 성경을 많이 읽는 것이 기도에 있어서 뛰어난 사전 준비가 된다는 것을 알았다. 1857-지난 열흘 동안 기도하는 데 많은 방해를 받았다. 1878-저녁에 다니엘 10장을 펼쳤다. 1890-올해에는 말씀을 묵상하고 기도하는 데 매일 두 시간씩 쓰기를 희망한다. 이렇게 하는 가운데 내게서 하늘로 향한 '생수의 강'이 흘러나기를 기도한다."

우리가 하나님과의 관계를 끊임없이 유지해나가려면 보나처럼 은혜의 하루살이로서 날마다 하나님의 은혜의 보좌로 나아가는 길 외에 다른 비결이 없습니다.

삶의 열매를 거두며

처칠은 "최고의 역사를 만드는 방법은 그 역사를 기록하는 것"이라고 말했지만, 더 큰 역사의 기록은 날마다 내 몸이 하나님과 동행함으로써 새롭게 집필하는 신앙기일 것입니다.

이제 오늘로써 신동행기(神同行記)의 은혜가 담긴 16주간의 느헤미야서 다락방 교재를 마칩니다. 이를 발판으로 예수님과 동행하는 삶을 새롭게 시작하길 바라고 남은 인생 동안 오직 예수로 인해 죽고 예수로 인해 사는 신앙여정이 되길 바랍니다. 그동안 이 길에 든든한 벗이 되어 주었던 지체들의 손을 잡고 느헤미야처럼 하나님과 동행함으로, 이 땅에서 능력의 실체를 날마다 경험하는 복된 삶을 살도록 서로서로 축복하며 기도합시다.